「音楽づくり・創作」の授業デザイン
小学校　中学校

あすの授業に生かせるアイディアと授業展開

はじめに

　音楽科の学習指導要領において，創作分野は，昭和22年，26年に示された試案からいろいろな名称で呼ばれてきました。創造的表現，創作，音楽をつくって表現する活動など，小学校におけるこの分野の名称をたどるだけでも，何をどのように，「つくる」学習を展開するのか，模索しながら進められてきたのが分かります。しかし，創作分野の学習は，けっして姿を消すことはありませんでした。現在の小学校「音楽づくり」，中学校「創作」に至るまで，独創的な学習が行われたり，海外の音楽学習の影響を受けながら学習内容が修正されたりと，社会や時代の変化，音楽文化の変遷とともに，少しずつ歩みを進めてきたのです。令和2年度より，小学校から順次完全実施される学習指導要領では，これまで以上に創造性を育むことが強く求められ，音楽づくり・創作の分野がより重視されています。しかし，その重要性を理解しつつも，学習すべき内容や指導方法，評価の仕方などが分かりづらいと感じられている方がいらっしゃるのも否定できません。

　そこで本書では，音楽づくり・創作の学習が育てる子供たちの力を踏まえながら，事例を通して，現在の課題の解決になるような学習展開や評価の実際を紹介するとともに，主体的で協働的な学びを視野に入れた今後の音楽科授業の方向性をも見据えました。

　未来を担う子供たちが，音楽づくり・創作の学習を通して豊かに音楽と関わることができるように，下記より新しい評価規準に関する追加資料をダウンロードしていただき，本書を活用していただければ幸いです。　　　　　　　　　　　［2020年10月］

追加資料ダウンロードページ
https://www.kyogei.co.jp/hyouka_new

もくじ

はじめに　2

音楽づくり・創作で育つ教師と子供たち　6
第1章と第2章の内容の関連　14

第1章
音遊び・即興的な表現で発想力を育てる

音遊び・即興的な表現の意義　18
音遊び・即興的な表現の活動を進めるに当たって　19
紙面の活用の仕方について　22

リズム：リズム遊びから即興的なリズムアンサンブルへ　24
リズムのかがみ — 25　　リズムのロンド — 28
リズムのまね — 26　　リズムのカノン — 29
リズムでお話 — 27　　即興的なリズムアンサンブル — 30

評価の進め方と評価規準の設定例 — 31

拍の流れ：いろいろな拍の流れを感じ取ることから
　　　　　様々な拍子の即興的なアンサンブルへ　32
拍のリレー — 33　　拍のまとまり — 35
音と音との間 — 34　　拍子の変化 — 36

評価の進め方と評価規準の設定例 — 37

音色（楽器・音具）：音色の聴き取りから即興的なアンサンブルへ　38
音で動こう — 39　　音を組み合わせて — 41
音探し — 40　　図形でアンサンブル — 42

評価の進め方と評価規準の設定例 — 43

音色（声）：言葉・声遊びから声によるアンサンブルへ　44
食べ物の名前で — 45　　オノマトペで — 47
いろいろな声，
唇や舌を使った音で — 46　　俳句でアンサンブル — 48

評価の進め方と評価規準の設定例 — 49

旋律：旋律のまねっこからまとまりのある旋律づくりへ　50
旋律のまね — 51　　旋律のしりとり — 53
旋律の変形 — 52　　旋律のリレー — 54

評価の進め方と評価規準の設定例 — 55

和声の響き：音の重なりから和音の響きへ　56
音であいさつ — 57　　和音の仲間を探して — 59
音を重ねて — 58　　和音を分解して — 60

評価の進め方と評価規準の設定例 — 61

第2章
見通しをもった授業で学びを深める

音楽を形づくっている要素をもとにして音楽をつくる意義　64
音楽を形づくっている要素をもとに題材を展開するに当たって　65

小学校 第1学年
　「わらべうたでつくろう」　66
小学校 第3学年
　「リズムパターンでつくろう」　72
小学校 第5学年
　「日本の音階で旋律をつくろう」　78
中学校 第1学年
　「音楽のつくりを生かして」　86

音楽づくり・創作と他の領域・分野を関連付ける意義　92
歌唱や器楽,鑑賞と関連付けた題材を展開するに当たって　93

小学校 第2学年
　「だがっきの音色を生かして音楽をつくろう」　94
小学校 第4学年
　「打楽器の音楽をつくろう」　100
小学校 第6学年
　「いろいろな声を重ねて音楽をつくろう」　106
中学校 第3学年
　「ジャズブルースでSwing swing swing!」　112

年間学習指導計画と音楽づくり・創作のポイント
　小学校 第1学年　120
　　　　 第2学年　122
　　　　 第3学年　124
　　　　 第4学年　126
　　　　 第5学年　128
　　　　 第6学年　130
　中学校 第1学年　132
　　　　 第2学年　134
　　　　 第3学年　136

第3章
授業の成果を学校生活に生かす

他教科・領域と関連を図るポイント　140

出前コンサート「かえるの国であそぼう」(小学校第1・2学年)
　～国語科,生活科との関連～　142

展覧会の音楽をつくろう「木を鳴らそう」(小学校第4学年)
　～図画工作科,総合的な学習の時間との関連～　144

「収穫を祝う音楽をつくろう」(小学校第5学年)
　～社会科,総合的な学習の時間との関連～　146

世界の音楽「アフリカの音楽に親しもう」(小学校第6学年)
　～総合的な学習の時間との関連～　148

おわりに　150

【楽器紹介】
音楽づくり・創作で活用しやすい楽器　153
楽器にもなる生活用品　156
身の回りのものでつくった楽器　157
世界の民族楽器　158
日本の伝統的な楽器　160

音楽づくり・創作で育つ教師と子供たち
~現代的な教育課題に対応する音楽づくり・創作の学習~

現代的な教育課題とは

　大学の授業の変革から生まれたアクティブ・ラーニングは,今や,小学校でもその学び方が注目され研究が行われています。キーワードは「協働」「能動」です。しかし,小学校の音楽学習の過程では,すでに行われていた活動方法とも言えます。なぜなら,音楽づくり・創作の学習では,一つの課題に向かって子供が能動的・主体的に活動し,自ら次の課題を見いだし,友達と協働し,新しい自分たちの音楽をつくります。さらに,互いにつくった音楽を聴き合い,そのよさを認め合ったり自分の表現と比較したりし合い,学びを深めていく学習ですから,アクティブ・ラーニングの主旨に最も合った活動と考えられるわけです。

　これまでは,「何を知っているか,何ができるか(知識・技能)」を中心に学習の展開を考えてきました。これからは,それをもとにして,「知っていること,できることをどう使うか(教科横断型の能力)」,「どのように社会・世界と関わり,よりよい人生を送るか(学びに向かう力・人間性)」という能力までも含めて,音楽づくり・創作の学習を考えていくことが必要になってくると思います。

　教師自らが工夫し考えて,子供が豊かに育つ音楽づくり・創作の活動を生み出していけるように,子供とともに歩んでいきましょう。

これからの時代に求められる資質や能力を育てる

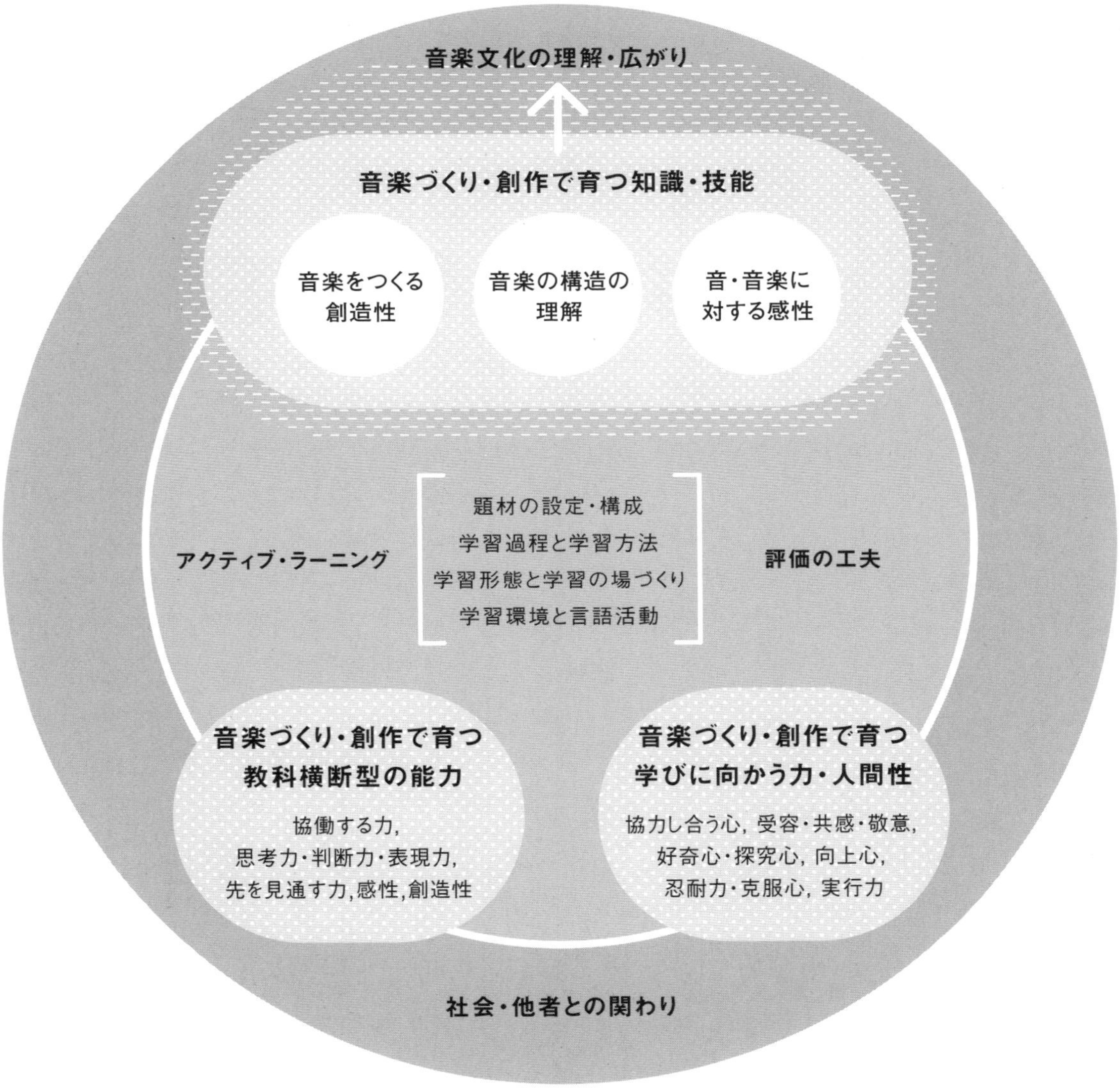

音楽文化の理解・広がり

音楽づくり・創作で育つ知識・技能

- 音楽をつくる創造性
- 音楽の構造の理解
- 音・音楽に対する感性

アクティブ・ラーニング

題材の設定・構成
学習過程と学習方法
学習形態と学習の場づくり
学習環境と言語活動

評価の工夫

音楽づくり・創作で育つ教科横断型の能力

協働する力, 思考力・判断力・表現力, 先を見通す力, 感性, 創造性

音楽づくり・創作で育つ学びに向かう力・人間性

協力し合う心, 受容・共感・敬意, 好奇心・探究心, 向上心, 忍耐力・克服心, 実行力

社会・他者との関わり

　これからの時代に求められる資質や能力と, 音楽づくり・創作の学習で育つ知識や技能のつながりを示したものが上の図です。
　この図からも分かるように, 音楽づくりや創作の授業を進める過程で育む知識や技能は,
「協働する力」や「先を見通す力」など教科横断型の能力の育成にもつながります。
　また, 一緒に音楽をつくり上げる中で「協力し合う心」を養ったり,
友達の作品のよさを鑑賞する過程で「受容・共感・敬意」など人間性を育てたりすることができます。
　次のページから, 例を挙げながら, 具体的な関連性について考えていきたいと思います。

音楽をつくる創造性が育てるもの

音楽をつくる創造性

〈ともに育つ資質や能力〉

新しいものを生み出す創造性　　　物事に対する好奇心・探究心

　音楽づくり・創作は、「自らの感性や創造性を発揮しながら、自分にとって価値のある音や音楽をつくる」学習です。

　小学校では、いろいろな音のよさや面白さに気付いて音遊びをしたり、様々な音の響きや組合せを楽しみ生かして自らの発想をもって即興的に表現したりする能力、音を音楽へ構成していく過程を大切にしながら、音楽の仕組みを生かし、思いや意図をもって（高学年では見通しをもって）音楽をつくる能力を培います。

　中学校では、そうした小学校での学習をもとに、言葉や音階などの特徴を感じ取り生かして旋律をつくる能力、音素材の特徴を感じ取り生かして反復、変化、対照などの構成や全体のまとまりを工夫しながら音楽をつくる能力を高めていきます。

　音楽づくり・創作は、自分が今、感じ取ったり理解したりしていることを活用し、自らの思いや意図をもって新しい音楽をつくるという、音楽科でしか培うことのできない感性や創造性を育て伸ばす大切な学習なのです。ここでは、「この音はどんな感じなんだろう」「こうするとどうなるかな」という知的好奇心をかきたて、「こうしてみたい」「もっとこうしたい」という探究心が芽生えてくるのです。知性と感性の往還に支えられた創造性は、新しいものを生み出す、教科の枠にとらわれない想像力、知的好奇心、探究心の育成につながっているのです。

教師の育つ力

　教師にとっても、子供と一緒に音楽をつくることで、自分自身の感性や創造性が試されることになります。より納得のいく音楽をつくるにはどんなルールで学習を展開したらよいか、どんな作品にしたいのかを明確にすることにより、子供のつくった音楽への価値付けも豊かになっていくのです。

音楽の構造の理解が育てるもの

音楽の構造の理解

〈ともに育つ資質や能力〉

- 根拠をもった思考力・判断力・表現力
- 計画的に先を見通す力
- 学びを深める向上心,実行力

　音楽づくり・創作では,音楽がどのようにつくられているかを学びます。低学年では,教師が「○○さん　げんきですか♪」と旋律を付けて問い掛けると一人の子供が「げ〜んき♪」と答えたり「元気元気元気♪」とリズミックに答えたりする活動を行います。これは,短い問いの旋律に短く答える旋律を即興的につくる活動として位置付けることができ,「旋律」とはどういうものか,「問いと答え」とはどのようなことかを体験を通して学ぶことになります。

　このような挨拶の言葉から,「問い掛け合う音楽をつくろう」「反復や対照を生かした旋律づくり」といった音楽づくり・創作の学習を展開することが可能です。子供は,「会話みたいにすると音楽ってつくっていけるんだなあ」という実感をもって,音楽の構造を学び取るのです。

　その実感が,「こうしていけば音楽になっていく」「次はこうすればいいんじゃないかな」という先を見通す力も養っていきます。音楽の構造を理解することによって,「次は,ちょっと変化をさせると聴いている人がハッとしてくれるのでは?」という見通しをもった音楽づくりが実現できるだけでなく,核となるものと様々な事象を関連付けながらどんな状況が生み出されるのかを考える力を育てていくのです。

教師の育つ力

　教師にも同じことが言えます。例えば,「問いと答え」とは何か?を考えたとします。中学校では「模倣,対照」などと示されていますが,小学校の子供には,「まねっこ」「会話」「合いの手」などと示したほうが分かりやすいだろうなど,子供への言葉掛けや提示の仕方を考えます。そうした指導の工夫こそ,音楽の仕組みとはどういうものなのか,研究を深めていくことにつながるのです。

　さらに,「このルールで進めていけば,子供たちもつくっていけそうだ」「子供たちは,このような音楽をつくるのではないか」といった先の見通しをもって,学習を進める力を教師自らが培っていくのです。

　また,手づくりの楽器が,楽器の構造や音の出る原理を理解することにつながるように,音楽づくり・創作で培われる音楽の構造を理解する力は,「音楽を形づくっている要素のかかわり合いを感じ取り,楽曲の構造を理解する」鑑賞の能力を大きく育てます。自ら音楽をつくることによって,「自分たちの作品と音楽のつくり方が同じだ」「この部分がこんな仕組みでつくられている」というように,音楽を形づくっている要素の関わり合いに耳を傾け,どんな音楽になっているのかに気付き理解していきます。また,自ら音楽をつくった経験が生かされ,歌唱や器楽でも,音楽を形づくっている要素を手掛かりに表現の工夫を考える力を育てていくことができるのです。

教師の育つ力

　このような音楽の構造を理解する力を育てるために,教師もたくさんの音楽を聴きます。教師が音楽を探し求める行為は結果として,多くの音楽にふれることになり,教師自身の音楽を教える支えになっていくのです。

音・音楽に対する感性が育てるもの

音・音楽に対する感性

〈ともに育つ資質や能力〉

よいものを感じ取る感性

よさや違いを認め合う受容・共感・敬意

　音楽づくり・創作では，身の回りにあるすべての音が音楽をつくる素材になります。台所にあるフライパンや食器を使って音楽をつくることもできますし，環境音・自然音を声や楽器で表現して音楽にしたり，一つの楽器から生み出される多様な音から音楽をつくったりすることもあります。歌声だけでなく，唇をふるわせる音や息の音を使うこともあります。

　音楽づくり・創作において，どんな音を使うかは，つくる音楽を特徴付けるうえ，作品のよさを決定付ける大切なポイントになります。したがって，「この音でいいかな？」といつも自分の心に問い掛けていく必要があり，「これはどんな音だろう？」という視点で音に耳を傾け，感性を研ぎ澄ます子供を育てることができるのです。

●教師の育つ力

　教師にとっても，思いもかけないものを使って出した音が，よく響く音であったり心地よい音であったりし，子供の感性に驚かされることがあります。子供にどんな素材で音楽をつくるように提示するのか，教師自らが，音探しをすることになります。それこそ，教師が行う音遊びの第一歩と言えるかもしれません。また，どんなによい音の楽器であっても，演奏の仕方によってはそのよさが引き出せないこともあります。教師自身がよい音への感性を鋭く磨いていくことも大切です。

　音そのものだけでなく，音楽に対しても，「この音楽は，どうなっているのだろう」と大きな関心をもち，そこから音楽を形づくっている要素を聴き取ったり，「この曲は，自分がつくっている音楽と，繰り返しをするところが似ているのか？」「同じ旋律が出てくるからホッとする」「自分たちの音楽もそうしたいな」といった要素の働きから音楽の面白さや演奏のよさを感じ取ったりする力を育むことも，音楽づくり・創作の大きな魅力です。知覚・感受したことが音楽をつくり出すための根拠となって，それをフィードバックさせながら，音楽をつくっていくことになります。その過程が，音楽の面白さや演奏のよさを味わうことができる感性を高めていくことになるのです。音楽づくり・創作が，鑑賞の能力を高めていくことにつながっているということは明白でしょう。

●教師の育つ力

　教師は，子供に何を聴き取り感じ取らせたいのかを把握するために，その音楽を何度も聴くことになり，スコアブックとにらめっこすることもあるでしょう。それこそが教師の学びです。音楽を分析するときも，子供がつくる音楽を想定しながら行うことで，より明確なねらいや指導計画を立てることができるのです。

音楽文化の理解・広がり

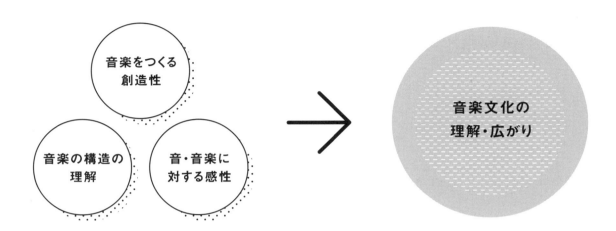

　これまで述べたように,音楽づくり・創作では,様々な音素材,多様な音楽を扱います。したがって,子供が生活の中で無意識に感じていたことを意識化したり知り得なかった音楽にふれたりすることになります。「声も楽器のように使えるんだ!」「はじめはどんな音楽になるのかは,分からなかったけど,ケチャのようになった。音楽って面白いなと思った」というように,子供の音楽の世界が広がり,「今度は,楽器を使って自分たちの音楽をつくってみたい」など,自らの音楽の世界を拡大していく姿を見ることができます。

教師の育つ力

　こうした姿は,音楽文化の多様性への理解を深めることにもつながります。それは,教師にとっても同じことが言えるのではないでしょうか?

　手拍子や膝打ちなどでつくる音楽やその楽曲を「音楽ではない!」と言う方は,あまりいらっしゃらないとは思いますが,かつては,「ハーモニーのない音楽は…」と考えている方もいらしたようです。

　今では,音の素材の広がり,音楽そのものの広がり,グローバル化,インターネットの普及など,加速度的に世界の文化を身近に感じられるようになりました。音楽づくり・創作は,教師自身も,子供と一緒に多様な音楽文化に親しんでいく気持ちがあることで,より柔軟な指導が可能になると考えられます。

社会・他者との関わりを豊かにする

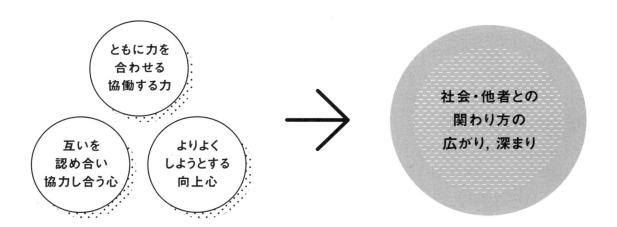

　未来に生きる子供たちに求められている資質や能力を育てることに向け，教育の世界が動き出しています。その中で，知識・技能だけでなく，教科横断型の能力と人間性の育成が叫ばれていることは，すでに述べました。音楽科では，「協働する力」「伝える力」がより育てられ，人間性の育成では「協力し合う心」がより育てられると考えていらっしゃる方も多いようです。

　特に，「協働する力」「伝え合う力」は，人間性で言えば「協力し合う心」「他者への受容・共感・敬意」でしょう。それらは，音楽づくり・創作では，特に育成される重要な能力です。

　音楽づくり・創作は，自分一人でつくることもありますが，それを必ず友達や教師に聴いてもらいます。友達の音楽を聴いて，「いいな」と思ったり「自分ならこうしよう」と思ったりすることで，一人の音楽が共有され，みんなのものになっていきます。表現した子供も友達や教師に認められたことで自己肯定感をもつことができるのです。また，グループ活動では，協働しなければ，作品をつくることはできません。つまり，音楽づくり・創作の授業では，音楽の教科に関わる能力だけでなく，教科の枠にとらわれない能力の育成に携わっていることが分かります。

　論理的・批評的な思考力も，音楽をつくり上げていく過程で，友達のアイディアを「そのアイディアは，ここで使っているから，もう少し変えたほうがいいと思う」など，子供どうしの話し合いの中で聞こえてきます。そうした考えを互いに認め合い，修正して音楽をつくり上げていくときには，「思考力・判断力・表現力」が働き，メタ認知していることになります。よりよくしたいという「向上心」は，自然な形で育まれ，より豊かな音楽表現を生み出します。

教師の育つ力

　教師も，こうした子供の成長を見取るスキルや評価の仕方を考えていくことが必要です。

　音楽づくり・創作は，教師に課せられる仕事が多くあります。教師の経験の中にも少ない音楽学習かもしれません。しかし，今，求められる力を確実に成長させる学習であることは，言うまでもないのです。

音楽づくり・創作の学習が
もたらす学びの広がり

　こうして、音楽づくり・創作が育てる子供の資質・能力をとらえ直してみると、この学習が、今後さらに重視されていくであろうことがよく分かります。

　一方で、これからの教育の動向として忘れてはならないことの一つに、日本人としてのアイデンティティを育む「伝統文化を重視した学習」が挙げられます。特に、中学校では、現行（平成20年告示）の学習指導要領でも、我が国の伝統的な歌唱や和楽器を指導することが示されています。

　音楽づくり・創作では、そうした日本の伝統的な音楽の特徴をとらえて、旋律をつくったり、箏を活用した音楽づくり・創作を行ったりするなどの学習が可能です。（本書の事例p.66「わらべうたでつくろう」、p.78「日本の音階で旋律をつくろう」参照）

　つまり、音楽づくり・創作の学習は、いわゆるクラシック音楽の流れをくむ音楽文化だけでなく、我が国の伝統的な音楽や世界の音楽の構造を知り活用して、それらの音楽文化に親しむと同時に、子供ならではの新しい音楽文化を創造する学習なのです。

　こうした音楽の世界観を広げる学習は、自分に合った音楽を見付け、音楽を生涯の友にする子供を育てようとする音楽科の目標に迫るだけでなく、一人の人間として、自己を認識し、いろいろな価値観を認め、他者に共感しながらともに社会を生き抜く力を養うことにつながっているということを忘れてはならないと思います。

第1章と第2章の内容の関連

リズム　p.24	拍の流れ　p.32	音色（楽器・音具）　p.38
リズム遊びから即興的なリズムアンサンブルへ	いろいろな拍の流れを感じ取ることから様々な拍子の即興的なアンサンブルへ	音色の聴き取りから即興的なアンサンブルへ
リズムのかがみ リズムのまね リズムでお話 リズムのロンド リズムのカノン 即興的なリズムアンサンブル	拍のリレー 音と音との間 拍のまとまり 拍子の変化	音で動こう 音探し 音を組み合わせて 図形でアンサンブル

小〈第1学年〉 わらべうたでつくろう

・果物の名前を4拍で歌い，友達とリレーする。
・8拍のフレーズになるように言葉と旋律を考え，グループでつなげて歌う。
・『そ〜れからどうした』(A) の問い掛けに，答えの言葉や友達の答えの言葉の続きを考え，音の上がり下がりを工夫して旋律をつくる。
・前奏→A→一人→A→一人→A・・・とつなげて表現する。

p.66

小〈第2学年〉 だがっきの音色を生かして音楽をつくろう

・一人ずつ楽器を持ち，強弱や演奏方法を工夫し，いろいろな音を見付け，響きを確かめ，8拍のリズムをつくる。
・拍節的でない部分をつくったり各自がつくったリズムをグループでどのように演奏するか考えたりする。
・拍節的でない部分と拍節的な部分をつないで音色を生かした一つの音楽にする。
・打楽器の音色のよさや面白さを楽しんで聴く。

p.94

小〈第3学年〉 リズムパターンでつくろう

・体を使っていろいろな音を探し，よい音を見付ける。
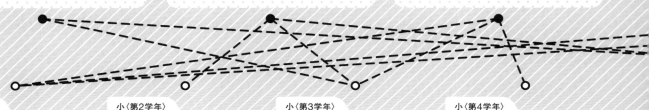
のリズムをもとに，フレーズを意識した4分の4拍子，4小節の「自分のリズム」をつくる。
・上記の「もとのリズム」や「自分（友達）のリズム」と組み合わせて，反復や変化などを生かしたリズムアンサンブルをつくる。

p.72

小〈第4学年〉 打楽器の音楽をつくろう

・図形から発想を得て声や打楽器の音で表す。
・図形カードを活用し，即興的な音の出し方やつなぎ方を工夫する。
・三人組で，音の重ね方，反復や問いと答え，変化などを生かし，始め-中-終わりのまとまりのある音楽をつくる。
・打楽器アンサンブルの音楽を聴き，音楽の特徴や，演奏のよさや面白さを味わう。

p.100

ここでは，第1章で紹介する音遊び・即興的な表現の事例と，第2章で紹介する各題材との関連性を示しています。
それぞれの題材を展開する際に，常時的な活動や導入として，
また，音楽づくりの内容を確かめたりアイディアを提示したりする活動として取り入れることができることを表しています。

音色（声） p.44
言葉・声遊びから声によるアンサンブルへ

食べ物の名前で
いろいろな声，唇や舌を使った音で
オノマトペで
俳句でアンサンブル

旋律 p.50
旋律のまねっこからまとまりのある旋律づくりへ

旋律のまね
旋律の変形
旋律のしりとり
旋律のリレー

和声の響き p.56
音の重なりから和音の響きへ

音であいさつ
音を重ねて
和音の仲間を探して
和音を分解して

小〈第5学年〉 日本の音階で旋律をつくろう
- 箏の扱いに慣れ，「さくら さくら」の一部を弾く。
- 箏を用いて，日本の音階（箏の平調子ミファラシド）を使い，与えられた4分の4拍子のリズムで1小節の旋律を即興的につくる。
- 上記の経験をもとに，2小節の旋律をつくり，ペアで旋律のつなぎ方を試しながら演奏し，記録する。
- ペアでつくった旋律を聴き合い，互いの表現のよさを認め合う。

p.78

小〈第6学年〉 いろいろな声を重ねて音楽をつくろう
- 音の長さや高さ，強さなどの仕組みを知り，いろいろな発声や発音の仕方を試し，声の音色を探る。
- 小グループで，各自のアイディアを生かしたり一つのアイディアを試したりして，即興的な声の音楽をつくる。
- 全体の構成を考えて大グループで声による音楽をつくる。
- 声による多様な表現の音楽を聴き，そのよさや面白さを味わう。

p.106

中〈第1学年〉 音楽のつくりを生かして
- 音楽を形づくっている要素「音楽のつくり」のうち，扱う内容について確認し，気付いたことを交流しながら，理解する。
- 「音楽のつくり」を活用し，4分の4拍子，2小節，ハ長調で自分なりのイメージを生かしてリズムや旋律を工夫する。
- つくった旋律を四人グループで交流し，全体交流の代表を決める。
- 代表者の作品を全体で交流する。
- 学習を振り返り，学んだことを自分の言葉で記述してまとめる。

p.86

中〈第3学年〉 ジャズブルースで Swing swing swing!
- ブルー・ノート・スケールを演奏し，音の順番を入れ替えたり，始めや終わりの音を変えてみたりする。
- ソロのジャズアイテムを試しながら，自分の旋律に取り入れたいものを決める。
- ブルー・ノート・スケールとジャズアイテムを組み合わせて，12小節の旋律をつくる。
- クラス全員でリレー奏をしたり，ペアでジャズアイテムを試しながら，24小節の旋律を工夫する。
- 六人程度のグループで，ソロ（12小節），ペア（24小節），グループ（フリー）の構成を工夫する。
- 「Take Five」を比較鑑賞し，ジャズの面白さや演奏のよさを味わって聴く。

p.112

第1章 音遊び・即興的な表現で発想力を育てる

音楽を特徴付けている要素をもとにした，音遊び・即興的な表現のアイディアを紹介します。
キーワードは，①「スモールステップ」，②「深まり・広がり」，③「身に付けたい能力」の三つです。
具体的には，
①授業開始の5分の常時活動として取り入れる。題材の内容と関連付けて扱える。
②一つのアイディアを深めたり他の要素と組み合わせて発展させたりする。
③活動のねらいと評価の観点を示す。
日々の授業でこうした活動を積み重ねることによって，音楽をつくる発想力が深まり広がり，
まとまりのある音楽や形式感のある音楽をつくれるようになります。

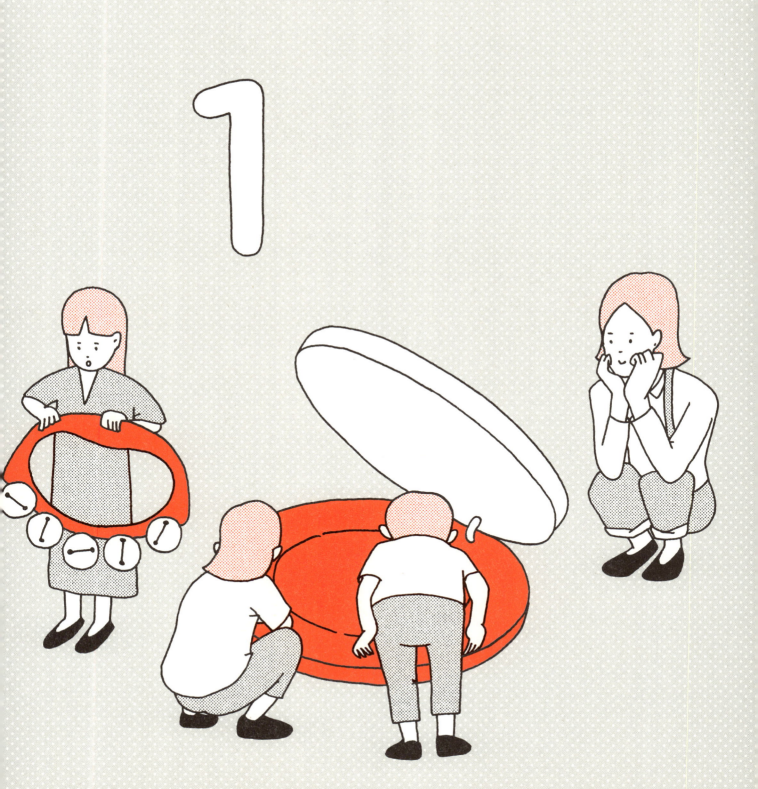

音遊び・即興的な表現で発想力を育てる

音遊び・即興的な表現の意義

1 | 音遊び・即興的な表現は，音楽づくり・創作の礎となる

　音遊び・即興的な表現は，音楽づくり・創作には欠かせない内容です。なぜなら，即興的に表現する活動そのものに子供の音楽的な成長が見られるだけでなく，音を音楽へと構成していくヒントを多く含んでいるからです。ここでは，即興演奏を一つの立派な作品に仕上げて発表することが目的ではありません。ねらいはあくまでも，音の特徴に気付いたりその響きや組合せを楽しんだり，また様々な音楽表現からいろいろな発想をもったりすることができるようにしながら音遊び・即興的な表現をすることなのです。大切なのは，いろいろな発想をもつことができるような手だてを示し，子供たちに豊かな音楽体験を提供していくことです。

　特に低学年では，音遊びを中心に音楽づくりを進めていくことによって，楽しみながら取り組むことができます。階名を覚えたり鍵盤ハーモニカを吹き始めたりするときに行う「まねっこ」のような活動も，音楽づくりのもとになる学習と考えることができるのです。

旋律を付けて呼び掛け合うことも音遊びです。

2 | 音楽活動に必要な行為である

　音楽活動を進める中で，音遊びや即興的な表現のように，音を聴いてその状況に即座に対応しながら表現していくことは，いろいろな場面で必要になります。例えば，指揮者の合図で，即座に判断し表現したり，互いの声のバランスを即興的に変えていったりすることがあります。もともと音楽というものは，即興的に表現する側面をもった時間芸術なのです。

　「私は，即興は苦手です」という教師の声を聞くこともあります。確かに，子供も一人ずつ即興的に表現する際に，つまずいたり表現できなかったりすることがあります。しかし，授業における音遊び・即興的な表現では，「今，できること」を大切にすることがポイントです。そういったケースでは，再度演奏を促したり，次の時間に回したりするなど，子供の状況に応じて表現できるようにする配慮は必要です。そのうえで，「今，できること」を活用して，音遊びや即興的な表現の活動を繰り返し行うことで，単純なことから複雑なことへ，「今，できること」がだんだん増えていくのです。

3 | 今，求められている力を引き出す

　音遊びや即興的な表現は，人と人を音楽で結び付けます。例えば，初めて出会った友達とリズムや短い旋律を使って会話したり，互いの表現を模倣したりする活動を行うことによって，誰とでも表現できるコミュニケーション力を育てることができます。また，その場で何をしなければならないかを即座に思考し判断する力は，まさしく現在の教育に求められている力と言えます。さらに，「一人ずつ手拍子を打ってできるだけ速く次の人が順に打っていく」ような「手拍子回し」の音遊びでは，学級の一体感や連帯感を生み出します。気持ちよく最後の友達まで回れば，達成感も味わうことができます。

音遊び・即興的な表現の活動を進めるに当たって

1 | 互いを認め合う雰囲気をつくる

子供が自由に表現するためには、どの授業においても、互いのよさを認め合う雰囲気が欠かせません。特に、音遊び・即興的な表現では、一人一人がその場でつくった音楽を表現することが多くなります。そのときに、「友達が応援してくれる」「安心してできる」「失敗しても次は頑張ろう」といった気持ちを子供たちがもてるような学級づくりを心掛けておくことが必要です。それには、子供たち一人一人に対する教師の言葉掛けや子供どうしの認め合いが大切です。一人一人のよさを教師もクラスのみんなも共有しながら進めていくことによって「自分が大事にされている」雰囲気をつくり出すのです。

ドキドキしたけど、友達にほめられてよかった！

2 | 常時活動に位置付ける

音遊び・即興的な表現をいつ、どのように行うかについては、3通りの考え方ができます。それは、(1)毎時間の常時活動として、(2)題材における常時活動として、(3)題材における学習内容として、です。音遊び・即興的な表現で育てられる力は、(1)(2)で培われることが多いのですが、そこで蓄えた力が(3)に生きるとも言えます。そこで、本編では、(1)(2)について述べることにします。

(1)毎時の常時活動として

歌唱の発声練習やリコーダーの音階練習などと組み合わせたり、挨拶の仕方を工夫したりするなど、5〜10分の短い時間で行います。例えば、毎時の始めに「おはよう」という挨拶の言葉に旋律を付けて歌う場合、いつも同じ旋律で行うのではなく、日直が自分で考えた旋律を付けて即興的に歌い、全員が模倣して挨拶するなどの方法が考えられます。そのあと、音を順に上げたり下げたりして歌唱の発声練習につなげることもできます。いつも同じパターンで行うことは安心感を生みますが、マンネリ化してしまうこともあります。ときには、「おはようリレー」として一人ずつ旋律を付けて「おはよう」を歌いつなげるなどの変化を付けるとよいのです。こうした「模倣」「リレー」の活動は、音楽の仕組みの一つである「問いと答え」です。このような活動の積み重ねは、一人で歌ったり声で音楽をつくったりすることを無理なくできるようにしますし、互いの音を聴いて表現するという音楽科の根幹をなす学習にもつながっていきます。

♪おは〜よう

♪おは〜よう

(2)題材の常時活動として

題材の常時活動としては、音楽を特徴付けている要素や音楽の仕組みをより明確に意識しながら音遊び・即興的な表現を行っていくと効果的です。言い換えると、子供が自分たちで一つの音楽をつくるために、様々な音楽表現から発想を得て即興的に表現する活動をスモールステップとして行うということになります。

例えば、お囃子の音階「ミソラドレ」を使って音楽をつくる題材で、始めから5音すべてを使おうとすると、多くの説明と時間が必要になるでしょう。そこで、2音「ソラ」で即興的に旋律をつくってつなげる、それを3音に増やすなど細かくステップを踏み、二人組でつくった旋律で会話する、四人でリレーする、2回ずつ反復するなど、即興的な表現を試していく活動を、本題材の毎時間の導入部分5〜10分で行うようにするのです。

二人でつなげるといい旋律になるね！

3 | 音楽室や教室のレイアウトを工夫する

　音遊び・即興的な表現を行う際には，教室のレイアウトも一工夫したいと思います。音楽室にはいろいろな形や広さがありますし，他教科の授業がある普通教室では，机と椅子が整然と並んでいます。教室環境を整えるには難しい面も多いと思いますが，子供たちの**主体性**を引き出しながら，**互いの表現を認め合い**やすい環境をつくるために，できれば，音楽室や多目的スペースなどを活用して，「音楽広場」のような雰囲気をつくりたいものです。

　例えば，次のような教室のレイアウトにすると活用しやすくなります。

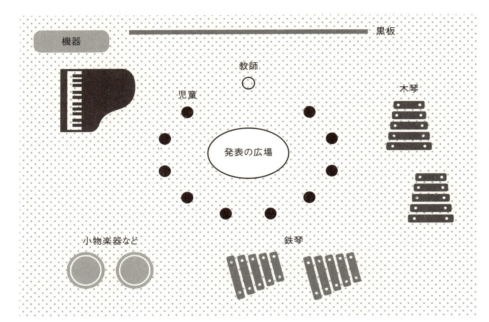

- 互いの顔が見えるように，円になって座り，一人一人の表現を模倣したり，認め合ったりしやすくします。また，発表できる広場も設けます。

- いつでも使えるように，楽器コーナーを設け，子供が移動すれば，使えるようにしておきます。

〈小物楽器の例〉
右ページの楽器以外に，

ウッドブロック

すず

などが挙げられます。

- グループ活動がすぐ行えるように，グループごとに座ります。

- グループで演奏できるように，楽器の配置を決めます。

- 学習の内容に応じて，子供の座り方や立ち位置などを変えると効果的です。

- 教室や子供の人数によっても配置は異なるので，実態に合わせて工夫することが大切です。

4 | 教材や教具を常備する

　音遊びや即興的な表現を進めるに当たって，声や手拍子や足拍子などを活用すれば，特に楽器や音具を用意する必要はありません。しかし，いろいろな音色を生かして音楽を構成したり音階をもとにした即興的な表現を行ったりするときは，楽器や音具が必要です。また，教師がリードして即興的な表現を引き出したり子供の表現を支えたりするためには，子供の出す音とは異なる音色の楽器などを用いるのが効果的です。

　また，目で見ていつでも確認できる掲示物も重要です。どの学習にも共通して言えると思いますが，音遊びや即興的な表現を学習する際は，〔共通事項〕に示された**音楽を形づくっている要素**や，**音を音楽に構成していく方法**などを掲示しておくと便利です。工夫しだいで，音遊び・即興的な表現を負担なく行うことができるようになります。

楽器や音具の例

カスタネットやクラベスなど

教師が拍を示したり，子供がリズムを打ったりします。
子供が順に楽器を受け渡し，リズムを打つと楽しいです。
ほかに，トライアングルなどの音の余韻がある楽器も変化として生かすことができます。演奏の形などを例示しておくことも効果的です。

リズムが明確に分かるような楽器です。
リズムで会話をしたり，何人かずつ前へ出て，即興的なリズムアンサンブルを楽しんだりすることもできます。

ハンドドラムやタンブリンなど

コンガやボンゴなど

自動オルガン

拍や特徴的なリズム，反復する和音伴奏などを自動で演奏します。これを録音し，タブレット端末に入れて使うこともできます。

音を選んで伴奏の旋律などをつくったり音階から旋律をつくったりする際，大活躍します。

木琴や鉄琴など

教具や掲示物の例

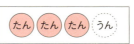

絵譜のリズムカード

学年に応じて，いろいろなリズムカードを用意します。2拍子，3拍子，8分の6拍子など，拍子を変えたものもあるとよいでしょう。

音符のリズムカード

音色　強弱　旋律

反復　変化

〔共通事項〕に示されている音楽を形づくっている要素を掲示します。

音を音楽に構成していく構成例を図で表します。

ドレミのマグネット

学年に応じて，ドレミを書いたマグネットをつくり，使う音を示したり，子供がつくった旋律を黒板に楽譜化したりします。
マグネットの大きさに合わせて，二線や五線を書いた画用紙を用意しておくと便利です。

紙面の活用の仕方について

1 〔共通事項〕の取り上げ方 ～音楽を特徴付けている要素から音楽の仕組みへ

　本章では，音楽を特徴付けている要素のうち「リズム」「拍の流れ」「音色」「旋律」「和声の響き」を取り上げて，その音遊びや即興的な表現について，少ない音から多い音へ，身近なものから抽象的なものへ，単純なことから複雑なことへ進められるようにしました。

　下の図のように，これらの要素どうしも関わり合っていますが，音楽の表情やまとまりを生み出す「強弱」「速度」「フレーズ」は，各事例において活動の変化や発展的な内容として扱っています。また，「音階や調」については，「旋律」や「和声の響き」との関わりが深いので，そこでふれています。「音の重なり」は，各事例の随所に現れる要素として扱われています。音楽の仕組みである「反復」「問いと答え」「変化」「音楽の縦と横の関係」は，音楽を構成するうえで必ず必要になるものであるため，各事例で生かされるように示しました。

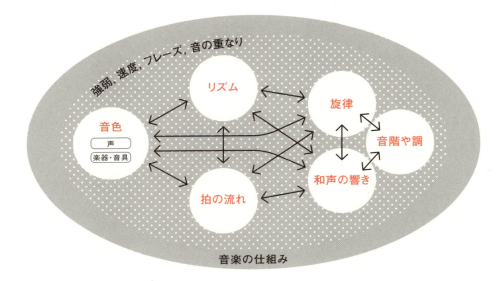

音楽を形づくっている要素の関わり方によって，いろいろな即興表現が考えられます。

2 発展の仕方，発達段階に合わせて活動を選択する

　「この音遊びをしてみて楽しかったけど，ここから先どうしていいのか分からない」という声に応えるべく，本章では，各活動の深まりをそれぞれの事例の冒頭に示しました。活動のタイトルは，子供にも分かるようなシンプルなものにし，また，どんな活動を行い，どんな力を育てたいかも一緒に示しています。さらに，各活動ページの下には，その活動のバリエーションを例示し，一つの活動でも，ほんの少しの工夫でいろいろな変化のさせ方ができることが分かるようにしました。

　本章で示す活動は，1から順に始めなくてもよいですし，発展の仕方に順序性があるわけでもありませんが，子供に発達段階があるように，学習にも身に付けていく段階があります。例えば，「模倣」は6年生にとっても大切な活動ですが，低学年の行う活動と思われがちです。しかし，即興的な表現に慣れていない子供に出会ったときは，こうした単純な活動から始める必要があります。その際は，各年齢の心の成長に伴うプライドを傷付けないように行うことがポイントです。

また，各事例のすべてを小学校段階で行う必要もありません。それぞれの活動やバリエーションには，中学生や高校生のほうが効果的に扱える内容も含まれています。ここでは，子供たちの状況を見ながら，いろいろな引き出しをもち，「必要なときに」「必要なこと」を提案できることが重要なのです。

　バリエーションの中に，二人組やグループで行う活動があります。これは，子供どうしで行う活動です。いつも教師がリーダーになるのではなく，子供どうしで行う主体的な活動を取り入れることは，今後の学習方法としてとても重要です。子供たちから「次はこうしたい」「こうしてみよう」という考えを引き出し，実際に表現しながら，活動を発展させていくことも視野に入れておく必要があるでしょう。

3｜常時活動における評価の視点

　音遊び・即興的な表現では，「評価が難しい！」「子供と楽しく授業を行うのはいいけど，評価がねぇ…。」と考えられがちです。そこで，各事例には，「評価の進め方」と「評価規準の設定例」を丁寧に示しました。

　小学校のどの学年で本事例を展開しても評価することができるように，低学年，中学年，高学年と，発達段階に即した評価規準例を示しました。また，評価のポイントとして，「子供の表現の何を見たり聴いたりすれば，評価をしやすくなるか」についても例示しました。

　実際に評価する際は，子供の表現を客観的に見取る教師自身の目や耳も養わなければなりません。それには，今，子供が何をつくっていればよいのか，子供がどのようにつくっているのかなど，活動のねらいや意味を把握し，評価の観点を明確にしておく必要があります。

　授業をしていると，即興的に思いもよらない表現が生まれてくることがあります。それが次の活動につながるものなのか，音楽としてみんなが納得のいくものなのか，子供の真意を確かめながら，その場でバリエーションをつくっていく柔軟性や，子供の表現について価値付けを怠らない姿勢こそが，教師自身の評価力をアップさせる近道なのです。

　本書では，現学習指導要領に基づいた評価の内容で示しています。今後，「三つの柱」に基づく〈知識・技能〉，〈思考力・判断力・表現力等（教科横断型）〉，〈主体的に取り組む態度（学習に向かう力，人間性）〉の三つの視点で評価をすることが求められることになります。

　しかし，現行の学習指導要領における評価の仕方や内容，方法と重なっていることも多く，「どのように学ぶか」という視点をもち，音楽文化や社会との関わりをどうとらえるかというグローバルな視野で考えていくと，その評価の内容も見えてくるように思います。

　今後の研究の課題ともいえるでしょう。

今日のリズムはすごく難しかったけど，友達と一緒に打ったら面白くなってきた！

評価の進め方

評価場面
いつ，どのような活動の際に評価を行うのかを示しました。

評価内容
何を評価するのか，評価規準をもとに育てたい力を端的に示しました。

評価方法
活動を観察するのか実際の表現を見取るのかといった方法を示しました。

◎今後の評価の在り方について

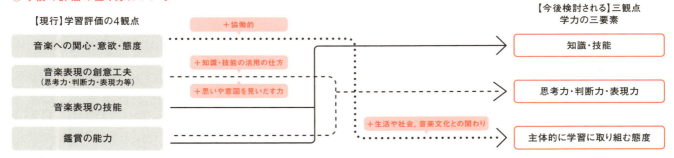

| リズム | # リズム遊びから即興的なリズムアンサンブルへ |

学習のねらい

リズムを聴き取り，その特徴や拍の流れとの関わり合いを感じ取って，リズム遊びや即興的なリズム表現を楽しむ。

扱う〔共通事項〕に示された内容

音色，リズム，速度，強弱，拍の流れ，フレーズ，反復，問いと答え，変化，音楽の縦と横の関係

育つ力・学び

リズムで多様な音遊びや即興的な表現を行うことによって，子供たちのリズムに関する語彙が増え，リズムをつくる発想を豊かにし，「どのようなリズムやリズムアンサンブルをつくるか」という思いや意図の根拠となる素地を身に付けていきます。

リズムのかがみ
教師と同時に模倣する活動です。
○教師を見て，教師が発する音を聴き，模倣するという，音楽活動全般に関わる集中力と即興的に表現する力
○体から生まれる様々な音をつくり出す力
○リズムに反応する力

リズムのまね
教師のあとに模倣する活動です。
○拍の流れを感じ取って，リズムを模倣して打つ力
○いろいろなリズムの種類を体感しながら学ぶ
○「問いと答え」の仕組みの一つである「模倣」の仕方を学ぶ

リズムでお話
教師の打つリズムと違うリズムで答える活動です。
○拍の流れを感じ取って，即座に判断し，リズムをつくる力
○リズムの違いを感じ取って，リズムを打つ力
○「問いと答え」の仕組みの一つである「対照」の仕方を学ぶ

リズムのロンド
リズムのカノン
音楽の形式を生かして，即興的につくります。
○拍の流れを感じ取って，即興的にリズムをつくり，つなげたり重ねたりする力
○「ロンド」や「カノン」の音楽の形式（反復，問いと答え，変化を組み合わせた仕組み）を学ぶ

即興的なリズムアンサンブル
いろいろなリズムアンサンブルづくりを即興的に行います。
○拍の流れを感じ取って，リズムを即興的につくり，重ねる力
○友達のリズムに合わせて，自らのリズムをつくる力
○反復，変化，音楽の縦と横の関係の生かし方を学ぶ

第1章　音遊び・即興的な表現で発想力を育てる

リズムのかがみ

♫ 手拍子や足拍子, 膝打ち, 指鳴らし, 声など

☝ 教師が打つ音を子供たちが同時に模倣し, その楽しさを感じ取るとともに,
体から生まれる様々な音の面白さに気付いたり, リズムへの関心を高めたりします。

1 教師が打つ音を子供たちが同時に模倣する。

「先生の鏡のようになって, 先生と一緒に打ってください。」

「だんだんそろってきて, 本当にリズムの鏡になってきましたね。」

このような言葉を掛けると, 子供は教師から目を離しません。

2 4拍から2拍, 1拍, $\frac{1}{2}$拍とリズムを細かく分割したり, その逆を行ったりする教師の模倣をする。

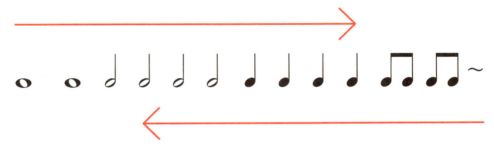

3 リズムパターンを同時に模倣し, みんながそろったら, リズムパターンを変化させる。

【発展と応用】

音色を変える	強弱を変える	リズムを変える	速度を変える
・肩を打つ	・$f \to p$	・いろいろなリズム	・ゆっくり
・指で打つ　　など	・＜　　　　など	・拍の有無　　など	・だんだん〜　　など

☐ 教師は, ときどき空振りを入れたり, 表情を変えたりすると, 子供の集中力が高まります。
☐ 活動の仕方が分かったら, 子供が交代で教師役を行うようにします。

リズムのまね

🎵 手拍子や足拍子，膝打ち，指鳴らし，声などや打楽器，音具

👆 教師がリズムを打ち，子供たちは拍の流れを感じ取って模倣し，模倣の心地よさを感じ取りながら，いろいろなリズムの種類を身に付けていきます。

1 教師が打ったリズムを聴き，子供たちは全員で模倣する。

「先生のリズムをよく聴いて，まねっこしてください。」

低学年ではゆっくりと行い，♩と♫を十分に楽しむようにする。（♩＝88〜100）

2 教師が打ったリズムを子供たちは一人ずつ順に模倣する。｜T（教師）→ C1（子供）→ T → C2 → T → C3 〜｜

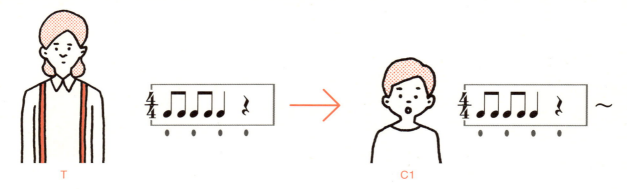

【発展と応用】

リズムや拍子を変える	足踏みで拍を打つ	フレーズを長くする	子供どうしで表現する
・♪♪ ♪♪ ♩ ・3/4，6/8 など	・リズムを打ちながら ・二つのグループで （拍打ちとリズム打ちを交替しながら）	・8拍のリズム ・16拍のリズム （8拍を2回反復）	・一人が教師役 ・二人組 ・三人組 ・四人組

☐ 実態に応じて，リズムカードを活用すると取り組みやすくなります。
☐ 楽器を活用すると，互いのリズムが聴き取りやすくなります。

リズムでお話

🎵 手拍子や足拍子，膝打ち，指鳴らし，声などや打楽器，音具

👆 教師がリズムを打ち，子供たちは教師と違うリズムで答えます。拍の流れを感じ取って問答し，その面白さを感じ取りながら，いろいろなリズムを即興的につくります。

1 教師が打ったリズムを聴き，子供たちは一斉に各々のリズムを打つ。

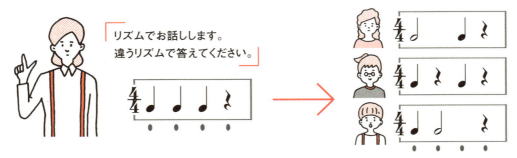

2 教師が打ったリズムを聴き，それに続いて一人の子供が違うリズムで答える。｜T→C1→T→C2〜｜

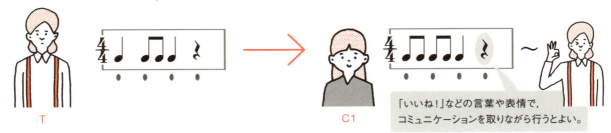

「いいね！」などの言葉や表情で，コミュニケーションを取りながら行うとよい。

3 教師が打ったリズムを聴き，一人ずつ順に違うリズムを打ち，リレーする。｜T→C1→C2→C3〜｜

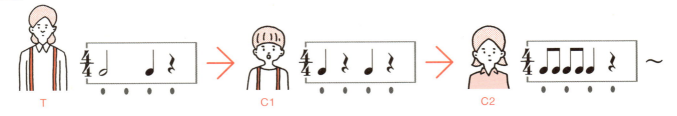

【発展と応用】

拍子を変える	リレーの仕方を変える	フレーズを長くする	子供どうしで表現する
$\frac{3}{4}$, $\frac{5}{4}$ など	前の人がつくったリズムを打ってから，自分のリズムを打つ 〈前の人のリズム〉〈自分のリズム〉 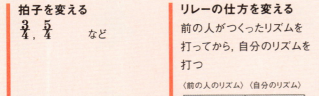	・8拍のリズム ・自由なリズム	・二人組 ・三人組 ・四人組 リレーする順番やメンバーを変えてもよい。

リズムのロンド

🎵 手拍子や足拍子，膝打ち，指鳴らし，声などや打楽器，音具

☝ 「もとのリズム」を決め，「もと―A―もと―B―もと―C～ ―もと」というロンド形式にしながら，リズムをつなげる面白さに気付いて即興的なリズム表現をします。

1 「もとのリズム」を教師が提示したり，子供たちと相談したりして決め，「もとのリズム」と「もとのリズム」の間に，一人一人の即興的なリズムを挟み込み，最後は「もとのリズム」で終わる。

2 「もとのリズム」のフレーズを長くして手拍子で表現し，即興的なリズムを一人ずつ選んだ楽器で表現する。

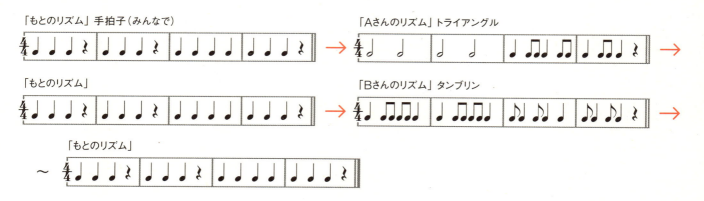

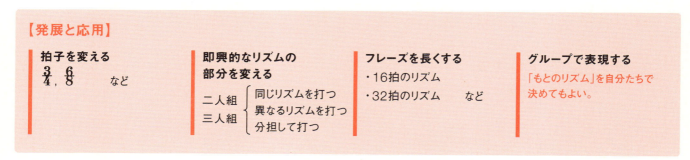

【発展と応用】

拍子を変える	即興的なリズムの部分を変える	フレーズを長くする	グループで表現する
$\frac{3}{4}$，$\frac{6}{8}$ など	二人組／三人組 { 同じリズムを打つ／異なるリズムを打つ／分担して打つ	・16拍のリズム ・32拍のリズム など	「もとのリズム」を自分たちで決めてもよい。

リズムのカノン

🎵 手拍子や足拍子，膝打ち，指鳴らし，声などや打楽器，音具

☝ 8小節の「もとのリズム」をつくって，「カノン」の形にし，反復しながら重ねていく面白さに気付いて即興的なリズム表現をします。

1 教師が打つリズムを子供たちは追い掛けて模倣する。

先生とリズムの追い掛けっこをしましょう。
先生の手の位置や手の方向にも気を付けてください。

偶数小節は，音価の長い音（ o や ♩ ）を使ってリズムをつくる。長い音のときに，手を頭に当てたり，腕を広げたりするなど，動きを付けると分かりやすくなる。

2 教師が即興的につくったリズムを聴いたり，あらかじめつくっておいたリズム譜を見たりしながら子供たちは1小節遅れで反復し，カノンにする。

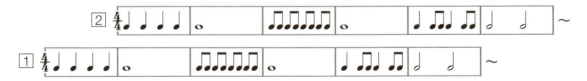

3 みんなで一緒にリズムを打って覚えたり，あらかじめつくっておいたリズム譜を示したりしてから，入る拍を変えて，反復する。

【発展と応用】

拍子を変える	声部を増やす	入る拍を変える	子供どうしで表現する
$\frac{2}{4}$，$\frac{3}{4}$，$\frac{5}{4}$ など	・3声部 ・4声部	・2拍遅れ ・3拍遅れ	・交代で一人ずつリーダーになる ・二〜四人組 リーダーがリズムカードを選んでリズムをつくり，カノンにする。

□音色の異なる打楽器を使って演奏すると，重なりがよく分かります。

即興的なリズムアンサンブル

🎵 手拍子や足拍子，膝打ち，指鳴らし，声などや打楽器，音具

👆 リズムパターンを即興的につくり，それをつないだり重ねたりしながら即興的なリズムアンサンブルをつくり，音楽の仕組みの生かし方を学びます。

1 三つのグループに分かれて，即興的なリズムパターン（4拍分）を打ちます。
各グループのリズムを覚えるためのステップです。

先生の打つリズムをまねして打ってください。まずはA班から。リズムを繰り返し打ちましょう。

A班は打ち続けてください。次にB班のリズムが加わります。

A班，B班はずっと繰り返します。最後にC班が入ります。お互いによく聴き合いましょう。

ワンポイント
拍の流れにのれないときはメトロノームやリズムマシーンを活用してみよう。

2 リーダー役の教師が出す合図（いつ演奏に加わるか，いつ抜けるか，強弱をどう変化させるか など）に合わせて，各グループのリズムパターンを即興的につないだり重ねたりして，即興的なリズムアンサンブルを楽しみます。

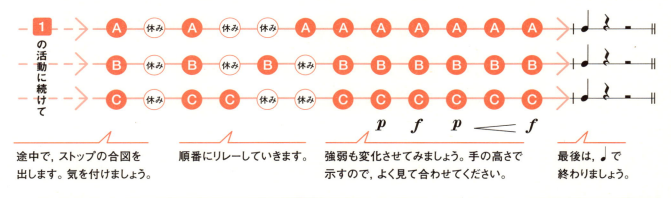

途中で，ストップの合図を出します。気を付けましょう。

順番にリレーしていきます。

強弱も変化させてみましょう。手の高さで示すので，よく見て合わせてください。

最後は，♩で終わりましょう。

【発展と応用】

反復や変化の仕方を変える
問いと答えの仕組みも使う

パートを増やす
・4パートで
・ソロのパートを加える
・伴奏パートの追加　など

途中でリズムを変える
♩ ♫ ♩ 𝄽 → ♫ ♩ ♫ 𝄽

子供どうしで表現する
・子供が交代でリーダーになる
・グループで行う

☐ 速度や強弱を変えると，より学習が深まります。

評価の進め方

評価場面	評価内容	評価方法
リズムのかがみ リズムのまね	模倣の仕方 模倣している内容	リズム表現観察 表情観察 行動観察
リズムでお話 リズムのロンド，カノン 即興的なリズムアンサンブル	一人一人のリズム表現 拍の流れを感じた表現 反復や変化の生かし方 リズムの重ね方	リズム表現観察 表情観察 行動観察 発言内容 話し合い内容

評価規準の設定例

	音楽への関心・意欲・態度	音楽表現の創意工夫	音楽表現の技能
低学年	リズム遊びに興味・関心をもち，リズムをつくったり，音遊びの仕方を工夫したりする学習に楽しんで取り組もうとしている。	リズム，反復や問いと答えを聴き取り，拍の流れとリズムとの関わり合いによって生まれるよさや面白さを感じ取って，リズム遊びの仕方を工夫している。	音の出し方に気を付け，リズム遊びをしている。
中学年	即興的なリズム表現に興味・関心をもち，リズムをつくったり，その組合せを工夫したりする学習に進んで取り組もうとしている。	リズム，反復や問いと答え，変化を聴き取り，それらの組合せによって生まれるよさや面白さを感じ取って，即興的なリズムづくりやリズムの組合せの仕方を工夫している。	音の響きに気を付け，即興的にリズムをつくったり，その組合せをつくったりしている。
高学年	即興的なリズムづくりやリズムアンサンブルづくりに興味・関心をもち，発想を生かして即興的にリズム表現をつくる学習に意欲的に取り組もうとしている。	リズムや音の重なり，反復や問いと答え，変化，音楽の縦と横の関係を聴き取り，それらの働きによって生まれるよさや面白さを感じ取って，リズムや音の重ね方など即興的につくる発想をもっている。	音の響きやいろいろな音楽表現を生かして，即興的にリズムをつくったり，リズムアンサンブルをつくったりしている。
評価のポイント	表情，体の動きのよさ， 拍の流れの感じ取り方，発言の内容	発想の豊かさ， リズムやその表現のよさや面白さ	音の響き，リズムやその組合せのよさ， いろいろな音楽表現の活用の仕方

| 拍の流れ | # いろいろな拍の流れを感じ取ることから様々な拍子の即興的なアンサンブルへ |

学習のねらい

拍の有無や拍子の特徴に気付き、そのよさや面白さを感じ取って、即興的なリズム表現を楽しむ。

扱う〔共通事項〕に示された内容

リズム、速度、強弱、拍の流れ、
反復、問いと答え、変化、音楽の縦と横の関係

育つ力・学び

拍の有無を感じ取る多様な音遊びや即興的な表現を行うことによって、子供たちの拍に関する感性や発想を豊かにし、「拍を意識したり拍子を考えたりしてどのような音楽をつくるか」という思いや意図の根拠となる素地を身に付けていきます。

拍のリレー

一人一つ手拍子を打ち、リレーしていく活動です。
○友達の音をよく聴き、拍の流れを感じ取って表現する力
○拍の流れや拍節的でない自由なリズムを感じ取って表現する力
○速度や強弱の変化を感じ取って表現する力

音と音との間

規則的でない自由なリズムで音のリレーをしていきます。
○自由なリズムから生まれる表現の多様性や面白さを学ぶ
○友達の音の余韻が消えるまでしっかりと聴いて表現する力
○音と音との間を感じ取りながら表現したり聴いたりする力

拍のまとまり

拍の流れを感じ取って体を動かしたり、手合わせしたりする活動です。
○速度の違う拍の流れを体感しながら学ぶ
○2拍子と3拍子の拍の流れの違いを感じ取って、表現の仕方を考える力
○様々な拍子の特徴や面白さを学ぶ

拍子の変化

異なる拍子のリズムから即興的にリズムアンサンブルをつくります。
○様々な拍子の特徴やその組合せから生まれる面白さを学ぶ
○友達のリズムとの関わりを考えながら自分のリズムを重ねる力
○反復、変化、音楽の縦と横の関係の生かし方を学ぶ

拍のリレー

🎵 手拍子, 身近な打楽器(カスタネットなど)

☝ 一人一人の音を聴きながら, 拍の流れを感じ取って表現する楽しさを味わいます。

1 全員で円になり, ♩=100 ぐらいの速度で, リーダーから一人1拍ずつ順に打ち, 手拍子で拍のリレーをする。

「手拍子で, 一人1拍ずつ, 順番に打ちましょう。」

「順番が分からなくならないように, 一人一人の音をはっきり打つといいと思います。」

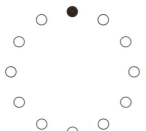
リーダー(教師)

速度を保つことが大切。始めは, オルガンのビート音を利用すると分かりやすい。

全員が円の中心を向き, 誰が打っているのかを目で追うようにする。

【発展と応用】

速度を変える
・速くする
  (♩=120 ♩=140 など)
・遅くする
  (♩=80 ♩=60 など)

拍節的でない表現に変える
・自由なタイミングで打つ
  (無拍節)
・できるだけ速く打つ

拍子を変える
2拍子, 3拍子, 4拍子, 5拍子などの拍子を決め, その1拍目を足踏みに変えてリレーをする

強弱を変える
・$f → p → f → p$
・$f → p → p → p$
・$f → p → p$　など

□ 教師がクラベスなどで拍打ちをするとよいでしょう。
□ 慣れてきたら, スタートするリーダーを子供たちで交代します。

音と音との間

🎵 身近な打楽器（タンブリン，カスタネット，トライアングル，トーンチャイムなど，余韻の長さが多様な楽器）

👆 音と音との間を感じ取りながら身近な打楽器を演奏し，拍節的でない自由なリズムの面白さに気付いたり，音と音との間を生かした即興的な表現をしたりします。

1 それぞれ選んだ楽器を持って円になって座り，拍の流れを感じ取りながら一人1回ずつ鳴らして音のリレーをする。

2 前に演奏した子供の楽器の音が聴こえなくなったら次の子供が楽器を鳴らし，音のリレーをする。

「余韻をよく聴いて，音が聴こえなくなったら次の人が楽器を鳴らしましょう。」

「トライアングルはまだ鳴ってる。」

「タンブリンの音は短いわ。」

「みんな音の長さが違うから，音をよく聴きたくなるね。」

3 前の子供の楽器の音が聴こえなくなったら好きなタイミングで楽器を鳴らし，**2** とは逆回りで音のリレーをする。

「今度は音が聴こえなくなってすぐに鳴らしても，間をおいてから鳴らしても構いません。」

「5秒くらい間をとって鳴らそう。」

「私はすぐに鳴らすわ。」

「次はどんなタイミングで鳴るのかなって思うと，緊張するなぁ。」

【発展と応用】

強弱を変える	楽器の音色を変える	音を重ねる	声でリレーをする
・$f \to p$ ・$p \to f$	・一つの楽器で ・違う楽器で	長い音が鳴っている間に短い音をつないでいく 　　　　　など	一つの文字を好きな長さで発声していく 　　　　　など

☐ 楽器の鳴らし方を工夫すると，同じ楽器でも強弱や音色，音の長さが変わります。

第1章　音遊び・即興的な表現で発想力を育てる

拍のまとまり

🎵 手拍子，マラカス，シェーカー など

☝ 様々な拍子の違いや特徴を感じ取って，体を動かしながら歌ったり，聴いたりします。
これまで学習してきた拍の流れに対する感覚を高め，拍子感を身に付けていきます。

1 拍の流れを感じ取って体を動かしたり，手合わせしたりする。

①拍の流れを感じ取って音楽に合わせて歩く。
- 2拍子 「トルコ行進曲」
  「ラデツキー行進曲」
- 3拍子 「スケーターズ ワルツ」
  ベートーベン「メヌエット」 など

②2拍子と3拍子に合う，手合わせやステップを考えて遊ぶ。
- 二人組で 「おちゃらか ほい」「十五夜さんのもちつき」
  「うみ」「みかんの花咲く丘」
- グループで 「なべ なべ そこぬけ」
  「いるかはざんぶらこ」 など

2 4拍子や3拍子に合う言葉を探し，拍の流れに合わせて一人ずつ即興的に表現する。

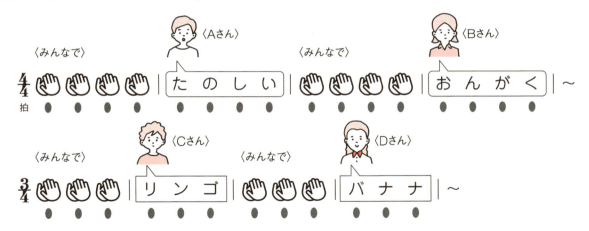

> キーワードになる言葉やテーマ（好きな食べ物など）を決めると考えやすくなる。

【発展と応用】

速度を変える
- 速くする（♩=120 など）
- 遅くする（♩=80 など）

拍子を変える
$\frac{5}{4}$ で
（「サクランボ」，「モモ，スモモ」など）

リズムを変える
拍子に合わせてリズムを分割・拡大する

楽器で表現する
マラカス，シェーカー など
（1拍目を意識して演奏する）
言葉で表したものを楽器で演奏すると分かりやすい。

拍子の変化

♪ 手拍子（ボディーパーカッション）や打楽器

☝ 拍子の異なるリズムをつなげたり重ねたりして，即興的なリズムアンサンブルをつくります。

1 三つのグループに分かれ，教師の拍打ちに合わせて拍子の違いを感じ取りながらリズムを手拍子で打つ。

「三つのグループに分かれて，それぞれの拍子の違いを感じ取りながら，ア→イ→ウとつなげましょう。」

「次はアとイを重ねましょう。互いの打つところがそろったら止めます。」

「次はウも加えて，全部を重ねましょう。」

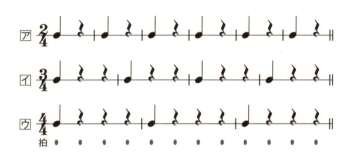

「アとイを重ねたときは 2/4拍子は4小節目，3/4拍子は3小節目でそろいました。」

2 拍子の違いを生かし，アイウのリズムのつなげ方や重ね方を工夫し，三つのパートによるリズムアンサンブルをクラスみんなで話し合ってつくり，演奏する。

〈即興的なリズムアンサンブルの例〉

つなげる
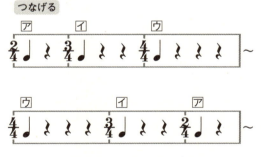

重ねる
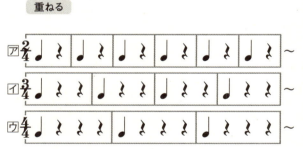

「何回か繰り返すと拍子の違いがよく分かります。」

【発展と応用】

反復や変化の仕方を変える
2/4と3/4を交互に数回演奏したあとに4/4に変える　など

速度や強弱を変える
・始めは♩=100で，慣れてきたら速く打つ
・＜　＞　など

新たな拍子を加える
5/4，6/8　など

リズムを変える
♫ ♩. ♬　など

□手拍子や膝打ち，足で床打ち，音色の異なる打楽器など，パートごとに音色を変えると，重ねたときに拍子の違いが分かりやすくなります。

第1章　音遊び・即興的な表現で発想力を育てる

評価の進め方

評価場面	評価内容	評価方法
拍のリレー 音と音との間	拍の流れの感じ方 音（余韻）の聴き方	演奏聴取 表情観察 行動観察
拍のまとまり 拍子の変化	拍の流れを感じた表現 拍のまとまりの感じ方 体の動きの内容	演奏聴取 表情観察 行動観察 発言内容

評価規準の設定例

	音楽への関心・意欲・態度	音楽表現の創意工夫	音楽表現の技能
低学年	手拍子を打ったり体を動かしたりして，拍の流れや拍のまとまりを感じ取る学習に楽しんで取り組もうとしている。	拍の流れや拍のまとまりを感じ取り，手遊びの仕方や体の動かし方を工夫している。	拍の流れや拍のまとまりを感じ取って，自分なりの打ち方や体の動かし方で表現している。
中学年	拍節的でない自由なリズムや間の面白さに興味・関心をもち，音の長さをよく聴いて即興的に表現する学習に進んで取り組もうとしている。	拍節的でない自由なリズムのよさや面白さを感じ取り，音の長さや間を生かして即興的に音のつなげ方を工夫している。	音の長さをよく聴き，間を生かしながら，自分なりの打ち方や体の動かし方で表現している。
高学年	いろいろな拍子のリズムの組合せに興味・関心をもち，発想を生かして即興的に音楽をつくる学習に主体的に取り組もうとしている。	リズム，拍の流れやフレーズ，音の重なり，音楽の縦と横の関係を聴き取り，それらの働きによって生まれるよさや面白さを感じ取って，リズムのつなぎ方や重ね方など，即興的につくる発想をもっている。	拍子の違いや音楽の縦と横の関係を生かして，即興的にリズムを組み合わせてリズムアンサンブルをつくっている。
評価のポイント	表情，体の動きのよさ， 拍の感じ取り方（自由なリズムも含む）， 発言の内容	発想の豊かさ，拍の流れやまとまり（自由なリズムも含む）を生かした表現のよさや面白さ	拍の流れ（自由なリズムも含む）， リズムの組合せのよさ， いろいろな音楽表現の活用の仕方

| 音色
(楽器)
・音具 | # 音色の聴き取りから即興的なアンサンブルへ |

学習のねらい

音色を聴き取り，その特徴を感じ取って音をつくったり，音の出し方やその組合せを工夫したりして即興的な表現を楽しむ。

扱う〔共通事項〕に示された内容

音色，強弱，音の重なり，
反復，問いと答え，変化

育つ力・学び

様々な音色を聴き取ったり，音の出し方や組合せを工夫したりすることによって，音色に対する興味・関心を高め，思いや意図の根拠となる，音楽を形づくっている要素の知覚・感受を深めていきます。

音で動こう

楽器のもつ固有の音色を聴き取り，体を動かす活動です。
○音色の違いを聴き取る力
○音の特徴を感じ取る力

音探し

一つの楽器からよい音を探したり，表現の仕方を工夫したりする活動です。
○一つの楽器から様々な音を見付けたり，音の出し方を工夫したりする力
○問いと答えの仕組みを生かして即興的に表現する力

音を組み合わせて

音の組合せを工夫して，即興的に音楽をつくります。
○音の組合せを工夫する力
○音色を聴き取りながら音の出し方を工夫し，友達の音と重ねる力
○反復を生かした音楽の構成の仕方を学ぶ

↓

図形でアンサンブル

図形をもとに音色を工夫して表現し，音楽の仕組みを生かして
即興的にアンサンブルをします。
○図形をもとに音の出し方を工夫して表現する力
○反復，問いと答えなどの音楽の構成の仕方を学ぶ

第1章 音遊び・即興的な表現で発想力を育てる

音で動こう

♪ カスタネット，トライアングル，タンブリン

👆 打楽器の音色を聴き分け，その特徴を感じ取って体を動かします。

1 教師が打つカスタネットの音を聴き，音に合わせて肩を上下に動かす。

> 拍の流れを感じ取って打ったり，
> 間を空けて自由なタイミングで打ったりすると，
> 子供たちの音への集中力が高まる。

2 トライアングルやタンブリンの音を聴き，音色の特徴を感じ取って即興的に体を動かす。

「動きが思い付かないときは友達の動きをまねしてもいいですよ。」

「チ～ン･･･」って音がのびるからゆっくり両手を上にあげてみよう。

3 目をつぶり，教師が鳴らす三つの楽器の音色を聴き分け，音に合わせて **1** と **2** の動きをする。

> 音色について子供が自分なりの言葉で表すことで，
> その特徴を全員で共有することができる。
> 〈例〉響きが長い ← → 響きが短い
> 　　　高い ← → 低い
> 　　　強い ← → 弱い
> 　　　かたい ← → やわらかい
> 　　木の音，金属の音，皮の音，打つ音，こする音，振る音，
> 　　カンカン，トントン，ボーン　など

【発展と応用】

他の打楽器を使う
・大太鼓
・小太鼓
・シンバル　など

子供どうしで表現する
・一人が教師役
・グループに分かれ，
　教師役を交代しながら

鑑賞曲を使う
・「シンコペーテッド クロック」（ウッドブロック，トライアングル）
・「そりすべり」（すず，ウッドブロック，ムチ など）
曲の中で打楽器の音色を聴き取り，
楽器を打つまねをしたり，決めておいた動きをしたりする。

音探し

♪ タンブリン

☝ 一つの楽器から生み出せる様々な音を見付け，表現の仕方を工夫します。

1 導入として，音が鳴らないようにタンブリンを隣の席の友達に手渡していく「楽器まわしゲーム」を行う。

「よーく耳を澄まして，音のない状態をつくります。もし鳴ってしまっても，声は出さないようにしましょう。」

しーんとすると，かすかな音もよく聞こえるんだね…。

2 タンブリンで出せる様々な音色を見付ける。

打つ場所や手の形でも音が変わるんだね!!

〈例〉振る／打つ／膜をこする

膜を爪でこすると面白い音がするよ。

3 **2**で見付けた音色の中から，気に入った音の表現を選び，一人ずつ順に鳴らしてリレーする。そのとき，**1**の経験を生かし，耳を澄まして互いに見付けた音を聴き合うようにする。

4 **2**で見付けた音色を使い，問いと答えの仕組みを生かして友達と音で会話をする。

最初に教師と代表の子供で見本を示すとよい。

【発展と応用】

他の打楽器を使う
・スタンドシンバル
・トライアングル　など

いろいろなマレットを使うとより効果的である。
（p.155参照）

リコーダーの頭部管を使う
・ウィンドウを指で覆ったり，指をスライドさせたりする
・底に手を当てる⇔離す　など
参考曲
「リコーダーのマウスピースのための鳥の曲」
頭部管を使ってオリジナルの鳥の鳴き声をつくる活動は，リコーダーの学習の導入にも最適である。

身の回りの物を使う
・キッチン用品
・ペットボトル
・紙　など

体から生まれる音を使う
・いろいろな手拍子
・体を楽器にして

さらに「手の音だけ」「口から出る音だけ」というように限定すると，より意図的に音色を工夫して表現できる。

第1章　音遊び・即興的な表現で発想力を育てる

音を組み合わせて

♪ カスタネットやクラベスなどの木の楽器，トライアングルやすずなどの金属の楽器，タンブリンや小太鼓などの皮の楽器

☝ 楽器の材質による音の特徴や響きの違いを感じ取り，その組合せを工夫して即興的に音楽をつくります。

1 「1分間ミュージック」を楽しみ，材質による音の特徴や響きの違いを感じ取る。

①一人一つずつ打楽器を持ち，様々な音の出し方を試し，気に入った音を見付ける。
②教師の腕が時計のように1周する間に，タイミングを工夫して①で見付けた音を1回鳴らし，偶然生まれる響きを味わう。
　ア）皮の楽器の人だけで　イ）木の楽器の人だけで　ウ）金属の楽器の人だけで　エ）三つの仲間を混ぜて

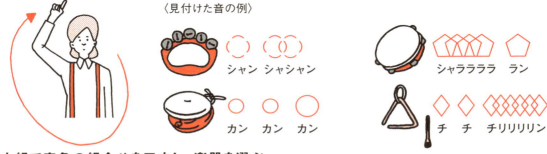

2 三人組で音色の組合せを工夫し，楽器を選ぶ。

3 自分の担当する打楽器の音の特徴を感じ取りながら，音の出し方を工夫する。

4 **3** を反復させながら，一人ずつ順に音を重ねて増やしたり順に減らしたりして即興的に音楽をつくる。

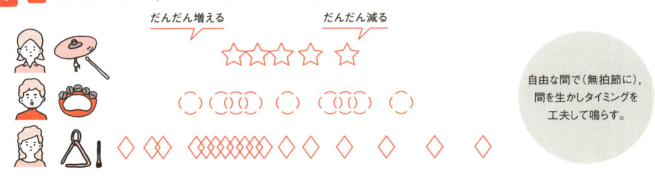

自由な間で（無拍節に），間を生かしタイミングを工夫して鳴らす。

図形でアンサンブル〜紙を使って〜

🎵 紙（コピー用紙や新聞紙など）

☝ 図形をもとに音の出し方を工夫し，紙を音素材とする即興的なアンサンブルを楽しみます。

1 一人1枚ずつ紙を持ち，図形を音で表現する。

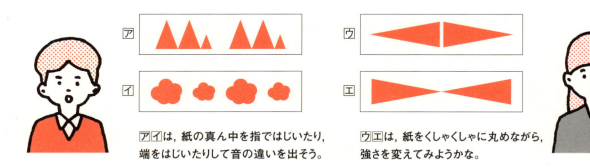

アイ は，紙の真ん中を指ではじいたり，端をはじいたりして音の違いを出そう。

ウエ は，紙をくしゃくしゃに丸めながら，強さを変えてみようかな。

2 三つのグループに分かれ，図形カードを使い， リレー（一人ずつ順番に） 　 問いと答え 　 反復しながら重ねる の中から仕組みを選んで，教師がリードしながら即興的に音楽をつくる。

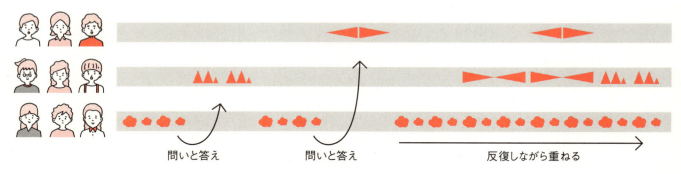

問いと答え　　問いと答え　　反復しながら重ねる

【発展と応用】

人数を変える
・一人
・三人組
・四人組
グループで行うときは，音の出し方を変えても楽しい。

図形の種類を増やす
　　　　　　　　など
増やす図形は，1,2種類にし，それを全員で一緒に演奏するカードにするなど，工夫するとよい。

打楽器を使う
・トライアングル
・タンブリン
・ボンゴ
・大太鼓　　など

音楽の構成を工夫する
・始め―中―終わり
・変化　　　など

第1章　音遊び・即興的な表現で発想力を育てる

評価の進め方

評価場面	評価内容	評価方法
音で動こう	音色の聴き分け 音色の違いの感受	表情観察 行動観察 表現観察
音探し 音を組み合わせて 図形でアンサンブル	音の特徴や響きの感受 音の出し方 音の組合せ方	表情観察 行動観察 表現観察 発言内容 話し合い内容 演奏聴取

評価規準の設定例

	音楽への関心・意欲・態度	音楽表現の創意工夫	音楽表現の技能
低学年	楽器や身の回りの音の面白さに興味・関心をもち,音遊びに進んで取り組もうとしている。	楽器や身の回りの音の様々な特徴を聴き取り,それらの働きが生み出すよさや面白さなどを感じ取りながら,音の出し方を工夫している。	楽器や身の回りの音の特徴に気付き,それらを生かして音遊びをしている。
中学年	楽器や身の回りの音の響きやその組合せに興味・関心をもち,即興的な表現に進んで取り組もうとしている。	楽器や身の回りの音の様々な特徴を聴き取り,その組合せによる響きのよさや面白さを感じ取って音の出し方を工夫し,それらの組合せについて様々な発想をもっている。	楽器や身の回りの音の特徴やその組合せによる響きを感じ取り,音の重なりを生かして即興的に表現している。
高学年	楽器や身の回りの音の響きやその組合せに興味・関心をもち,音色を工夫して即興的に表現する学習に主体的に取り組もうとしている。	楽器や身の回りの音の様々な特徴を聴き取り,その組合せによる響きのよさや面白さを感じ取って,これまでに経験してきた音楽表現を生かし,様々な発想をもっている。	楽器や身の回りの音の特徴やその組合せによる響きを感じ取り,それらを生かしたアンサンブルを即興的につくっている。
評価のポイント	表情,体の動きのよさ, 発言の内容	音の特徴の感じ取り方, 発想の豊かさ, 音の出し方のよさや面白さ	音の特徴を生かした音の出し方, 組合せのよさ, 音楽の仕組みの活用の仕方

| 音色
(声) | # 言葉・声遊びから声によるアンサンブルへ |

学習のねらい
言葉や口から生まれる音を使い，音楽の仕組みを活用して，リズム，声の高さなどを工夫して即興的に音楽をつくる。

扱う〔共通事項〕に示された内容
音色，リズム，強弱，音の重なり，拍の流れ，反復，問いと答え，変化，音楽の縦と横の関係

育つ力・学び
　言葉のもつリズムや声の出し方による響きの違いに興味・関心をもちながら，拍の流れを感じ取って言葉のリズムを工夫したり，いろいろな声の出し方を試したりする力を育てていきます。
　声による表現のよさや面白さを感じ取り，声による音楽づくりの素地を培います。

食べ物の名前で
食べ物の名前を4拍の中に当てはめて，言葉遊びをする活動です。
- ○言葉に合う4拍のリズムを考える力
- ○拍の流れを感じ取って考えたリズムをつなげて表現する力

いろいろな声，唇や舌を使った音で
いろいろな声，唇や舌を使った音を生かして即興的に音楽をつくります。
- ○声，唇や舌を使っていろいろな音を見付け，表現する力
- ○見付けたいろいろな音を生かして，即興的に音楽をつくる力

オノマトペで
オノマトペを使って即興的に声によるリズムアンサンブルをつくります。
- ○オノマトペを使って4拍のリズムをつくる力
- ○拍の流れを感じ取って，つくったリズムをつなげたり重ねたりして表現する力

↓

俳句でアンサンブル
俳句の言葉を選び，その言葉を使って即興的に声によるアンサンブルをつくる活動です。
- ○いろいろな声の出し方を見付け，表現する力
- ○いろいろな表現の仕方を試す力
- ○いろいろな声の出し方や表現の仕方を工夫し，まとまりのある音楽をつくる力

第1章　音遊び・即興的な表現で発想力を育てる

食べ物の名前で

 声

食べ物の名前（果物，野菜，魚，焼き肉の材料など）で4拍のリズムを考えて，拍の流れを感じ取って言葉遊びをします。

1 食べ物の名前で4拍のリズムを考える。

2 **1**で考えたリズムを，♩=100ぐらいの速度で，「Aさん—みんなで—Bさん—みんなで〜」の形にしながらクラス全員でつなげる。

Aさん「いちご」　みんなで「いちご」　Bさん「なーしー」　みんなで「なーしー」

3 反復，問いと答えを使って二人組で即興的に8小節のリズムアンサンブルをつくる。

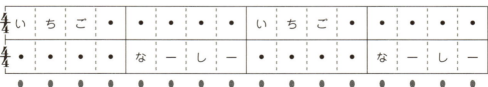

前半を【問いと答え】で2回繰り返して，後半は重ねて最後に変化を付けてみました。

4分音符を拡大して2分音符にしたり，縮小して8分音符にしたりして，リズムを変えて表現するとよい。

【発展と応用】

速度や強弱を変える	**言葉の抑揚や声の高さを変える**	**言葉の種類を増やす**	**リズムを変える**
・速くしたり遅くしたりする ・**f**と**p**を交互に	低い声，中くらいの声，高い声　など	・キウイ，モンキーバナナなどの文字数の違う言葉を考える ・一つの言葉でリズムを変える　など	♫，♬や休符を途中に入れる　など

いろいろな声，唇や舌を使った音で

♪ いろいろな声，唇や舌を使った音

☝ いろいろな声，唇や舌を使った音を生かして，即興的に音楽をつくります。

1 声，唇や舌を使ってどんな音が出せるかを探る。
- 声でどんな音が出せるかを試す。
- 唇や舌をふるわせたり，唇を使って破裂音を発したり，舌打ちのようにしたりして，どんな音が出せるかを試す。

唇や舌を使うといろいろな音がつくれるね！

2 見付けた音をみんなで紹介し合う。

3 教師の指揮に合わせて，見付けた音を鳴らす。

先生が手をぐるっと1周させる間に，好きなタイミングで音を出してみましょう。

一人ずつ鳴らしてみようよ。

だんだん音を増やしたり，だんだん減らしたりするのもいいかもしれないね。

4 四人グループで，見付けた音を使い，順番を決めて好きなタイミングで入ったり，重ねたりして拍節的でない音楽をつくる。

【発展と応用】

強弱を工夫する
- $<$ $>$
- f, mf, mp, p　など

音の重ね方を工夫する
〈みんなで〉　〈一人で〉　〈みんなで〉

様々な構成を考える
- 反復，変化の仕方
- 問いと答えの仕方
- 拍節的な部分をつくり，拍節的でない部分とつなげる　など

音の長さを工夫して組み合わせる
- ブルルルー
- チチチ

短い音や長い音をどのようにつなげたり，組み合わせたりするか考える。

第1章　音遊び・即興的な表現で発想力を育てる

オノマトペで

♪ 声，いろいろなオノマトペ

☞ オノマトペの言葉の面白さを感じながら，音楽の仕組みを使って即興的につくります。

1 一人一人が考えたオノマトペの言葉を4拍のリズムに当てはめて，リレーをしていく。

2 四人グループでそれぞれの言葉をつなげたり重ねたりして，即興的に音楽をつくる。

始め → 中 → 終わり でつくるとまとまりやすいですよ。

〈つくり方のヒント〉
㋐ 一人ずつつなげる　　㋑ だんだん増やす
㋒ だんだん減らす　　　㋓ みんなで一緒に
㋔ 問いと答えで　　　　　　　　　　など

僕たちは静かに始まり，だんだん盛り上げていきたいので，始めを一人ずつつなげて，中をだんだん音を増やし，終わりはだんだん音を減らして，消えていくようにしたいと考えました。

私たちは，始めを二人ずつの問いと答えにして，中は一人ずつの声を生かすため，一人ずつつなげていき，終わりは四人で重ねたいと考えました。

【発展と応用】

強弱や速度を変える
・ < >
・ f, mf, mp, p
・だんだん速くしたり遅くしたりする　など

言葉の抑揚を変える
・声の高さや表情を変える
・子音を強調する
　　　　　　　　　など

様々な構成を考える
・拍節的でない部分を加える
・拍節的な部分と拍節的でない部分の両方を入れる
・ 中 の部分を
　中1 → 中2 と膨らませる
　　　　　　　　　　　など

言葉を途中から変える
サ行，パ行の言葉など，使うオノマトペを限定する

俳句でアンサンブル

♪ 声

☝ いろいろな声の出し方や表現の仕方を試しながら，反復，変化，重なり方の面白さを味わいます。

1 自分の好きな俳句を見付けて，いろいろな声の出し方で表現する。

おおぼたる
ゆらりゆらりと
とおりけり
（小林一茶）

百人一首を読むみたいに
ゆったりと抑揚を付けていて
素敵だね！

2 歌舞伎風，追分風，ラップ風などで表現してみる。

か〜〜き〜〜くえば〜
かね〜〜がなるなり〜〜
ほう〜〜りゅう〜〜じ〜〜〜
（正岡子規）

歌舞伎風か！
一つの音をのばして，
声の高さを変えて歌っているね。
僕はラップ風で歌ってみよう！

3 「おうまがとおる！」（滝口亮介 作曲）が
どのようにつくられているのかを知って表現する。

リズムを工夫したり
重ねたりするのも
面白いね！

「おうまがとおる！」の楽譜　　小林一茶の俳句より

4 好きな俳句を選んで，
即興的に声によるアンサンブルをつくる。

〈例〉

第1章　音遊び・即興的な表現で発想力を育てる

評価の進め方

評価場面	評価内容	評価方法
食べ物の名前で いろいろな声，唇や舌を使った音で	→ 4拍のリズムのつくり方 いろいろな声や音の生かし方 →	表現観察 演奏観察 ワークシート
オノマトペで 俳句でアンサンブル	→ いろいろな声や表現の工夫 拡大，縮小を使ったリズムのつくり方 音楽の仕組みを使った リズムアンサンブルのつくり方 →	表現観察 演奏観察 話し合い内容 ワークシート

評価規準の設定例

	音楽への関心・意欲・態度	音楽表現の創意工夫	音楽表現の技能
低学年	拍に合わせて言葉を唱えることに興味・関心をもち，一人でリズムを考えたり，友達とリズムをつなげたりすることに楽しんで取り組もうとしている。	言葉のリズムを聴き取り，リズムと拍の流れとの関わり合いによって生まれるよさや面白さを感じ取り，リズムやつなげ方を工夫している。	拍の流れを感じ取り，見付けた言葉でリズムをつくっている。
中学年	言葉のリズムを考えたり，言葉を組み合わせて工夫したりすることや声の出し方に興味・関心をもち，声によるアンサンブルをつくる学習に進んで取り組もうとしている。	リズムの拡大や縮小，声の音色を聴き取り，その組合せによる響きのよさや面白さを感じ取って，声によるアンサンブルを即興的に工夫している。	言葉でいろいろなリズムを考えたり，つくったリズムを反復，問いと答えなどを生かして組み合わせたりして，即興的に声によるリズムアンサンブルをつくっている。
高学年	言葉や見付けた音の特徴を生かしてリズムを考え，声によるアンサンブルをつくることに興味・関心をもち，友達と作品をつくる活動に意欲的に取り組んでいる。	言葉のリズムや音の高さの変化，音の重なりを聴き取り，それらの働きが生み出すよさや面白さを感じ取って，表現の仕方や音楽の仕組みを生かした構成について，様々な発想をもっている。	言葉の抑揚を生かして様々な表現を試したり，音楽の仕組みを生かして即興的に声によるアンサンブルをつくったりしている。
評価のポイント	表情，発言の内容， 体の動きのよさ， 拍の感じ取り方	発想の豊かさ， リズムや表現のよさ	リズムのつくり方， 表現の工夫の仕方， 音楽の仕組みの活用の仕方

旋律　旋律のまねっこからまとまりのある旋律づくりへ

学習のねらい

旋律や音階を聴き取り，それらのもつ特徴や雰囲気を感じ取りながら，つくった旋律を組み合わせて，音を音楽に構成することを楽しむ。

扱う〔共通事項〕に示された内容

リズム，速度，旋律，強弱，音階，反復，問いと答え，変化

育つ力・学び

　まねっこから旋律づくりの方法を知った子供は，旋律の始め方や終わり方を楽しみながら工夫していきます。いろいろな旋律づくりを経験することで，「こんな音楽にしたい。だからこうしよう。」という思いや意図をもつようになり，まとまりのある音楽をつくる力を身に付けていきます。

旋律のまね

教師のあとに模倣する活動です。
○拍の流れを感じ取って，旋律を模倣して演奏する力
○いろいろなリズムの旋律を演奏することで楽器に慣れる
○「問いと答え」の仕組みの一つである「模倣」の仕方を学ぶ

旋律の変形

教師のつくった旋律を少し変化（変形）させる活動です。
○旋律を聴き取り，即興的に違う旋律をつくる力
○即興的に旋律を考えて演奏することで，さらに楽器に慣れる

旋律のしりとり

友達どうしで，音のしりとりをしながら旋律をつくる活動です。
○ゲーム感覚で即興的に旋律をつくる力
○しりとりをしながら旋律を演奏することで，日本の音階のもつ特徴や雰囲気に親しむ

旋律のリレー

友達のつくった旋律につながる旋律をつくる活動です。
○旋律を聴き取り，問いと答えになる旋律をつくる力
○音階の音を使って，拍の流れを感じ取りながら旋律をつくる力

旋律のまね

🎵 木琴，鉄琴，リコーダーなど（木琴や鉄琴は1台で三人同時に活動できます。）

☝ 教師が演奏した旋律を拍の流れを感じ取りながら模倣し，模倣の心地よさを感じて，いろいろな種類のリズムや旋律を体感していきます。

1 教師の旋律を聴き，子供が全員で模倣する。

①ソとラの2音を使ってつくる。

②リズムを少し変えた旋律を模倣する。

> よい音で演奏するように促すと，楽器の扱いにも慣れていく。

【発展と応用】

リズムを変える	フレーズを長くする	使う音を変えたり増やしたりする	学習形態を変える
・細かいリズム ・ゆったりしたリズム	4小節	・2音→3音→5音 ・ラシ，ミレ，ドレ	・模倣する楽器を変える ・二人組 　　　　　　など

旋律の変形

🎵 木琴, 鉄琴, 鍵盤ハーモニカ, リコーダーなど

☝ 旋律の形を少し変化（変形）させることで, 即興的に旋律をつくる素地を身に付けていきます。

1 ラドレの3音を使って即興的に旋律をつくり, 終わりの音を確かめる。

ここでの音楽づくりのルール
・「終わりはラかレ」　※使う音に印を付けてあげると分かりやすい（右ページ参照）。

2 教師の旋律を聴き, 後半の小節を変化（変形）させる。

基本は〔先生とみんな〕で行い, 実態に応じて, コミュニケーションをとりながら〔先生と一人〕を順番に行ってもよい。

【発展と応用】

リズムを変える
・細かいリズム
・ゆったりしたリズム

五音の音階を使う
・ドレミソラド
　（ハ長調の5音の音階
　　終止音ド）
・ドミファソシド
　（沖縄の音階
　　終止音ド, ファ）

学習形態を変える
・教師と子供, 子供どうし
・二人組, 三人組, 四人組
　などで旋律をつなぐ

いろいろな3音を使う
・ソラシ
　（終止音ソ：ト長調, ラ：わらべうたの感じ）
・ミソラ
　（終止音ミ, ラ：わらべうたの感じ）

第1章　音遊び・即興的な表現で発想力を育てる

旋律のしりとり

🎵 木琴，鉄琴，鍵盤ハーモニカ，リコーダーなど

☝ 「拍の数」や「始めと終わりの音」などを確認して，最後の音から自分の旋律を即興的につくります。

1 教師がミソラドレの5音を使ってつくった旋律を聴き，その最後の音から自分の旋律を即興的につくる。

「○○さんのは，変わったリズムで面白いですね！」

「隣の音を行ったり来たりすると，つくりやすくなりますね。」

ここでの音楽づくりのルール
・「終わりはラかレ」

2 子供どうしが，グループごとにしりとりで旋律づくりをする。

〈音の印の例〉
（ラ・レは●，ミ・ソ・ドは▲）

「滑らかな音の動きですね。」

「少し細かいリズム（8分音符）にしてみたら。」

「ミソラドレを順に演奏しても日本の旋律の感じになりますよ。」

○○さん
音の動きがいいね！

う〜ん，ラの音で終わったから・・・。

教師は活動の様子を見て回り，作品への価値付けとして，できたことを一つ一つ認めていくとよい。

旋律のリレー

🎵 木琴, 鉄琴, 鍵盤ハーモニカなど（木琴や鉄琴は1台で三人同時に活動できます。）

☝ 与えられた音階の音を使い, 問いと答えの仕組みを生かして, 即興的に工夫しながら旋律をつなげていきます。

1 与えられた音階の音や終わりの音（終止音）を確かめて, 即興的に旋律をつくる。

〈例〉ハ長調の5音の音階（ファ・シを抜いて）
終わりの音（終止音）：ド

①「チューリップ」,「春の小川」（2段目まで）や「とんび」を階名で歌い, ハ長調の5音しか使っていないことに気付く。
②ハ長調の5音の音階を板書などで示し, 終わりの音ド（終止音）を確かめる。
③教師のあとに続いて, 答えるようなつもりで, 即興的に旋律をつくって演奏する。

先生は, ソで終わる旋律をつくるので, みんなは, ドで終わる旋律をつくってください。先生と交互に演奏します。

高いドやミも使っていいんだね！鍵盤ハーモニカで確かめながら8拍でつくってみます。

2 四人グループで与えられた音階の音を使い, 持続する低音（ドローン）の伴奏を入れて, 役割を交代しながら, 旋律のリレーを楽しむ。

〈持続する低音（ドローン）の例〉 ドとソの音を使って

〈役割分担の例〉
先生役（Aさん）：ソで終わる, つながる感じの旋律をつくる。
生徒役（Bさん, Cさん）：先生役の旋律に答えるような旋律をつくり, ドで終わる。
伴奏役（Dさん）：オルガンなどの低音で伴奏する。※上記の例などのような形で

僕は, 伴奏役をするよ！僕の音をよく聴いて, 演奏してね。速くならないように気を付けるね！

演奏順序
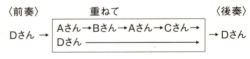

【発展と応用】

音階を変える
ドリア旋法（レミファソラシ̄ド̄レ̄）
　終止音：レ, レ̄　　低音の例：レ, ラ
　この旋法の特徴的な音 シを使って旋律をつくる。
　問いの旋律をラで終わると, つながる感じになる。

反復する
旋律のリレー部分を
2回繰り返す
（前奏, 後奏を除く）

拍子を変え, フレーズを長くする
$\frac{3}{4}$で, 一人がつくる旋律を4小節に

評価の進め方

評価場面	評価内容	評価方法
旋律のまね	模倣の仕方 模倣している内容	表現観察 表情観察 行動観察
旋律の変形 旋律のしりとり 旋律のリレー	一人一人の表現 拍の流れを感じた表現 終わりの音，旋律の動き 旋律の組合せ	表現観察 表情観察 行動観察 発言内容

評価規準の設定例

	音楽への関心・意欲・態度	音楽表現の創意工夫	音楽表現の技能
低学年	旋律づくりに興味・関心をもち，旋律をつくったり，旋律遊びの仕方を工夫したりする学習に楽しんで取り組もうとしている。	旋律，反復や問いと答えを聴き取り，拍の流れとリズムとの関わり合いによって生まれるよさや面白さを感じ取って，旋律づくりを工夫している。	拍の流れを感じ取って，リズムを変えたり，終わりの音を生かしたりして，旋律遊びをする。
中学年	旋律の動きや終わりの音，旋律のつながりに興味・関心をもち，旋律をつくる活動に進んで取り組もうとしている。	旋律や音階，反復や変化を聴き取り，それらの働きが生み出すよさや面白さを感じ取りながら，旋律の動きやリズムなどを工夫し，どのような旋律をつくるかについて発想をもっている。	旋律の動きやリズム，終わりの音，反復や変化などを生かして，即興的に旋律をつくっている。
高学年	音階の音や，問いと答え，反復，変化などの音楽の仕組みに関心をもち，即興的に旋律をつくる学習に進んで取り組もうとしている。	旋律や音階の特徴，問いと答え，反復や変化を聴き取り，それらの働きが生み出すよさや面白さを感じ取りながら，即興的に旋律の組合せを工夫し，どのような旋律をつくるかについて発想をもっている。	問いと答え，反復，変化など音楽の仕組みを活用し，音階の特徴を生かしたまとまりのある旋律を即興的につくっている。
評価のポイント	表情，拍の感じ取り方， 旋律のとらえ方， 発言の内容	発想の豊かさ， 旋律や表現のよさや面白さ	旋律とそのつなぎ方や組合せのよさ， いろいろな音楽表現の活用の仕方

| 和声の響き | # 音の重なりから和音の響きへ |

学習のねらい

音の重なりを聴き，その響きの特徴や美しさを感じ取りながら，
音を組み合わせて重ねたり，旋律をつくったりして，
和音の響きを楽しむ。

扱う〔共通事項〕に示された内容

リズム，旋律，音の重なり，和声の響き，
反復，問いと答え，変化，音楽の縦と横の関係

育つ力・学び

いろいろな音の重なりを聴き合うことによって，響きの違いや和音の響きを感じ取る力が育ちます。
また，和音に含まれる音を使い，旋律をつくる活動を通して，和音の響きや音楽の縦と横の関係を感じ取りながら，簡単な音楽をつくる力を身に付けていきます。

音であいさつ

音の重なりを聴き合う活動です。
○即興的に2音を重ね，合う音と合わない音を感じ取る力
○重なり合う音の違いを聴き取る力

音を重ねて

偶然生まれる響きを聴き合い，そのよさを感じ取る活動です。
○3音の重なり，音の組合せから生まれる響きを聴き取る力
○協和音と不協和音の響きの違いを感じ取る力

和音の仲間を探して

I, IV, Vの和音の響きの違い，変化を楽しむ活動です。
○I, IV, Vの三和音の響きやその違いを聴き取る力
○三和音の構成音を知り，それらの音が重なる響きを味わう。

和音を分解して

和音に含まれる音から音を選び，旋律づくりにつなげていく活動です。
○拍の流れを感じ取りながら，互いの音を重ね合わせる力
○和音の構成音から，旋律をつくる力
○音の重なり合う響き，音楽の縦と横の関係を感じ取る力

音であいさつ

♪ トーンチャイム，サウンドブロックなど（リコーダー，鍵盤ハーモニカ）

☝ 即興的に二人で同時に音を出し，重なり合う音を聴いて，協和音や不協和音の響きを感じ取ります。

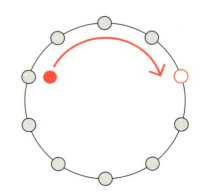

1 約十人で円になる。一人一つずつトーンチャイムを持ち，一人が円の内側を ♩=100くらいの速度でトーンチャイムを8回鳴らしながら歩く。

2 8回鳴らしたら立ち止まり，その場所にいた人と向き合う。

3 「歩く人→向き合った人→二人同時に」という順で鳴らす。

4 聴いている人は二つの音の重なった響きを聴いてどんな響きだったかを伝え合う。鳴らした人は役割を交代し，**2** に戻って続ける。

不思議な感じがします。

おしゃれな響きだと思います。

きれいで気持ちがいいです。

落ち着かない感じがします。

【発展と応用】

音を増やす
- 歩く人を二人にする
- 二人→四人と増やしていく

円から教室へ動く場を広げる
- 教室内を自由に歩き，出会った人と同時に鳴らす
- 8拍間，自分の速度で自由に動き，8拍目に出会った人と同時に鳴らす

問いと答え，変化を楽しむ
円の内側の人の動きでルールをつくる
（自分の前を通ったら音を鳴らす，止まったら一緒に音を鳴らすなど）

リズムを変える
- 円の内側を歩く人が4拍のリズムを考えて鳴らす
- 向き合った人は円の内側の人と同じリズムで鳴らす

□楽器を変えたり，声で行ったりすることも考えられます。

音を重ねて

🎵 トーンチャイム, サウンドブロックなど(リコーダー, 鍵盤ハーモニカ)

👆 和音の響きを聴き, 協和音と不協和音それぞれの響きの特徴を感じ取ります。

1. 12人のグループをつくり, ド～ソのトーンチャイムを持って半円になる。

2. 指揮者が中央に立ち, 音符カード(トーンチャイムと同じ音12枚)から3枚を選ぶ。

3. 指揮者が提示した音符カードを見て, そのカードと同じ音のトーンチャイムを持っている人が立つ。

4. 立った三人は指揮者の合図で1音ずつ音を重ねる。

5. 聴いている人は音の響きを聴いて, 感じたことを伝え合う。

3枚のカードの音を重ねます。どんな響きですか。

下のようなカードをド～ソまで12枚用意します。

※音符カードは, 市販のものもあります。一度つくっておくと便利です。

【発展と応用】

様々な和音を使う
- 長三和音
- 短三和音
- 減三和音
- いろいろな七の和音
など

いろいろな音を組み合わせる
・幹音だけ(ド, レ, ミ など)
・派生音だけ
　(ファ♯, ラ♯, ド♯ など)
・12音すべて
協和音と不協和音, それぞれの響きを楽しむ。

音の出し方を工夫する
・4拍ずつのばす
・2拍ずつのばす
・リズムを工夫する

和音の仲間を探して

🎵 トーンチャイム，鉄琴，鍵盤ハーモニカなど，響きのある楽器

👆 1度，4度，5度の和音の響きの違いを感じ取り，その美しさを味わいます。

1 三人組になり，三つの和音のカードの中から1枚引き，引いたカードの構成音を三人でそれぞれ分担する。

I（1度の和音），Ⅳ（4度の和音），Ⅴ（5度の和音）のカードを用意します。

〈ハ長調の主要三和音〉

Iは（ド，ミ，ソ）
Ⅳは（ド，ファ，ラ）
Ⅴは（シ，レ，ソ）を分担します。

2 三人組になり，低い音から一人ずつ音を出し，三つの音を重ねる。同時に出してもよい。

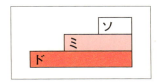 または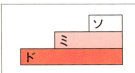

3 聴いている人は，何度の和音の響きか，聴き合って当てる。

ドミソだから1度の和音だね。

5度の和音かな？

【発展と応用】

和音の響きを変える
・長三和音→短三和音

（第3音のみ♭）

・長三和音→不協和音

（第3音のみ♭）

調を変える
・ヘ長調，ト長調
・イ短調，ニ短調，ホ短調
など

音を重ねる，増やす
・Ⅱ，Ⅲ，Ⅵ，Ⅶなどの三和音
・Ⅴ₇などの七の和音

I, Ⅳ, Ⅴの和音だけでなく，他の音を重ねたり，音を増やしたりして，いろいろな響きを味わうことができる。

和音を転回する
・転回の響きの変化を味わう

・低音を加える

・根音を付ける
I＝ド，Ⅳ＝ファ，Ⅴ＝ソ

和音を転回してみると，同じ和音でも響きの違いを感じ取ることができる。

☐ 鍵盤楽器などを活用すると，音の変化を可視化することができます。

和音を分解して

🎵 鍵盤ハーモニカ, オルガン, キーボード, 鉄琴

👆 和音に含まれる音を分担して音を重ねてその響きを感じ取ったり, 音を選んで旋律をつくったりして楽しみます。

1 三人組になり, 和音の構成音を分担して, 拍の流れを感じ取りながら演奏する。

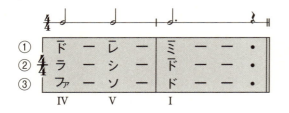

> それぞれ音楽を横に見ていきます。
> ①②の旋律は上行,
> ③の旋律は下行しています。

2 ゆったりとした速度で演奏し, ハ長調の和音の響き, Ⅳ→Ⅴ→Ⅰの和音の進行を感じ取る。

3 リズムを変えたり, 和音の構成音から音を選んだりして, 旋律をつくる。

〈例：リズムを変化させる〉　　　〈例：和音の構成音から旋律をつくる〉

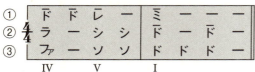

> 構成音を細かく刻んだり,
> のばしたりして, リズムを変えました。

> Ⅳは（ド, ファ, ラ）, Ⅴは（シ, レ, ソ）,
> Ⅰは（ド, ミ, ソ）を使って旋律をつくりました。

【発展と応用】

Ⅰ→Ⅳ→Ⅴ→Ⅰで, 4小節の旋律をつくる
- 三和音の構成音のみで旋律をつくる
- Ⅰ（ド, レ, ミ, ソを使って）
  Ⅳ（ファ, ソ, ラ, ドを使って）
  Ⅴ（ソ, ラ, シ, レを使って）
  と音を増やしてつくる
- 経過音などを加えてつくる

和音進行を変える
- Ⅰ→Ⅳ→Ⅴ→Ⅰ
  Ⅰ→Ⅵ→Ⅱ→Ⅴ～　→Ⅰ
- パッヘルベルのカノンのコード進行
  Ⅰ→Ⅴ→Ⅵ→Ⅲ→Ⅳ→Ⅰ→Ⅱ[1]→Ⅴ～　→Ⅰ
- ブルースのコード進行（p.115参照）

など

役割を変える
- ①②③の分担を変える
- ③が旋律を担当してもよい

など

□ つくった旋律を繰り返したり, ③と①, ③と②, 全員などと組合せを工夫して構成したりすることもできます。
□ 教師はクラベスで拍を刻んだり, 低音を加えて響きを支えたりするなど, 子供の実態を見ながら音楽の縦と横をそろえるようにします。

第1章　音遊び・即興的な表現で発想力を育てる

評価の進め方

評価場面	評価内容	評価方法
音であいさつ 音を重ねて	響きを聴く力 音を合わせる力	行動観察 表現観察 発言内容
和音の仲間を探して 和音を分解して	I, IV, Vの響きの違い 拍の流れを感じた表現 リズムの変化 一人一人の旋律	行動観察 演奏観察 発言内容 話し合い内容

評価規準の設定例

	音楽への関心・意欲・態度	音楽表現の創意工夫	音楽表現の技能
低学年	いろいろな音の組合せによる和音の響きに興味・関心をもち，音を重ねる音遊びに進んで取り組もうとしている。	音の重なりを聴き取り，その響きのよさや面白さを感じ取りながら，音の重ね方を工夫している。	音の出し方に気を付けて，音を重ねる音遊びをしている。
中学年	いろいろな音の組合せによる和音の響きに興味・関心をもち，音を重ねて響きを聴いたりつくったりする活動に進んで取り組もうとしている。	音の重なりを聴き取り，その響きのよさや面白さを感じ取りながら，いろいろな音の組合せやその響きについて，発想をもっている。	いろいろな音を組み合わせたり，音の響きに気を付け，即興的に音を重ねたりしている。
高学年	和音の響きやその移り変わりに興味・関心をもち，いろいろな和音の響きやそのつながりを感じ取り，音楽の縦と横の関係を生かす活動に主体的に取り組もうとしている。	和音の響きやその移り変わりを聴き取り，和音の響きのよさや面白さを感じ取りながら，音楽の縦と横の関係を生かして即興的に音楽をつくる様々な発想をもっている。	発想を生かして，和音に含まれる音を使って即興的に旋律をつくったり，簡単な音楽をつくったりしている。
評価のポイント	活動意欲，表情， 発言の内容	いろいろな和音の響きの感じ方， 旋律表現のよさや面白さ， いろいろな音の組合せから生まれる響きをつくる発想のよさ	音の重なり合う響き， 旋律表現の豊かさ

第2章 見通しをもった授業で学びを深める

ここでは，八つの事例を指導案形式で紹介します。
前半は，〔共通事項〕を核にしながら音楽づくり・創作に焦点を当てたもの。
後半は，音楽づくり・創作と他の領域・分野と関連付けたものです。
どの事例にも，子供の作品への価値付けの言葉や子供から引き出したい言葉が示され，
評価の仕方が分かりやすくなっています。
また，各事例が一年間の学習のどこに位置付けられ，
どう関連しているのかが分かる年間指導計画も付いています。アクティブ・ラーニングが注目される中，
「どのように学ぶか」という視点でも授業の展開が見えるようにしています。

2

見通しをもった授業で学びを深める①
音楽を形づくっている要素をもとに題材を構成する

音楽を形づくっている要素をもとにして音楽をつくる意義

1 | 音楽の学びが明確になる

音楽を形づくっている要素として，小学校では，「音楽を特徴付けている要素」「音楽の仕組み」，中学校では，「音楽の仕組み」が「形式，構成」として「音楽を特徴付けている要素」と並列して示され，高等学校では，中学校に準ずるようになっています。

これらの音楽を形づくっている要素をもとに音楽づくり・創作の授業を進めることで，音楽づくりや創作での **学びが明確** になります。それは，**何をどのようにしてつくればよいかが分かる** からです。

例えば，4分の4拍子で2小節のリズムをつくるといった場合は，拍の流れやフレーズと関わり合ってリズムをつくります。その組合せを考えてリズムアンサンブルをつくる際は，問いと答えでつなげる場合もあれば，繰り返したり変化を付けたりすることを目指し，反復と変化を活用することもあります。また，リズムの重なり（テクスチュア）を工夫する過程では，音楽の縦と横の関係をどのように生かすかを考えることになります。

ぼくのリズムと，重ねてみようよ！
2回繰り返すといいね！

2 | どのような音楽をつくるかについて，思いや意図，見通しをもつことができる

何をどのようにつくればよいかが分かることによって，自分がつくろうとする音楽について，「こんな音楽にしたい」「このようにつくっていこう」といった思いや意図，音楽づくり・創作への見通しをもつことができます。これは，単に「こんな感じが好きだから」「イメージに合っているから」という漠然とした思いではありません。「この旋律をこうすると音の動きが滑らかだから，こうしたい」「繰り返しのあとに変化させたら音楽が面白くなる」など，音楽を形づくっている要素が **思いや意図の根拠** となって音楽をつくることができるのです。

さらに，こうした思いや意図は，今行っている学習の根拠になるだけではありません。「前は，問いと答えでつくったけれど，今度は，反復させていくとより音楽が盛り上がるよ」「この曲は，この間つくった音楽と旋律の重なり方が似ているね」など，次の音楽づくり・創作，**他の領域・分野にもつながり広がっていくための原動力** となる思いや意図にも結び付いていくことが重要なのです。

終わりの音が違います！

3 | 限られた時間数で行うことができる

子供が音楽をつくる際に思いや意図，見通しをもつことにより，多くの時間を割かずに音楽づくり・創作を進めることができます。

音楽づくり・創作は時間がかかりすぎるという声を聞くことがありますが，何をどうするかといった方向性が見えなければ子供は右往左往するものです。音楽を形づくっている要素をもとにすることによって，何を使ってどのように工夫するのかが分かるため，**効率よく** つくり上げていくことができるのです。

本章の前半で紹介している事例も，多くて4時間扱いです。

音楽を形づくっている要素をもとに題材を展開するに当たって

　本章では，音楽を形づくっている要素をもとに音楽づくり・創作の学習を行う事例に特化し，その詳細な活動を題材として展開する指導案の形で示しています。特に，次のようなことに留意して，各ページの紙面を構成しています。

1｜題材の見通しをもつためのページ

◎題材の特徴
　題材のねらいや学習指導要領との関連，題材の評価規準は，様々な指導案と同様に記しました。本題材については，その特徴が明確になるように「題材の特徴」として示しました。

◎教材・教具等
　音楽を形づくっている要素をもとにして活動を展開する際，それを子供が理解していなければ成立しません。そこで，使用する教材や教具，ワークシートやカードなどを例示しました。

◎学習のヒント
　音楽づくり・創作では，つくりたい音楽への思いや意図，音楽づくりの見通しを子供が明確にもつために，「音楽づくりのルール」が必要です。また，そのルールを子供にどのように提示し活用できるようにするのかという教師の「進め方」も重要です。「学習のヒント」では，それらを簡略に記載し，先生方が音楽づくり・創作への見通しをもてるようにしました。

2｜指導を展開していくためのページ

◎指導計画・評価計画
　1時間の学習内容や学習活動を詳細に示すとともに，**子供への評価**の欄を設け，**評価規準**や**評価方法**を示すだけでなく，どの活動で評価が行われるのかという評価場面を分かるようにしました（例 関1）。また，【**Aと判断するポイント**】と【**Cになりそうな子供への支援**】を文章化し，「AとBとする境目が分かりづらい」という先生方の悩みに答えられるようにしました。さらに，❖**教師の働きかけ**では，❸**作品等への価値付けの例**を示し，子供の活動の状況や子供がつくっている音楽への助言，価値付けの言葉を表しています。

◎教室のレイアウト，音楽づくりや創作に関わる掲示物，ワークシート等
　本題材を展開するに当たって適切な教室のレイアウトや音楽づくり・創作を進めるために必要な掲示物，いろいろな活動を視覚化したり子供の思いや意図を見取ったりするためのワークシートを例示するようにしました。掲示物には，日常的に掲示しておくもの，本題材に関わるものなどがあります。ワークシートは，子供の発達段階を考慮し，何を記入するとよいのか分かりやすくしたり，書く例を示したりするとよいと思います。つくりながら書くのか，振り返りとして書くのかなども考えておきましょう。

3｜本題材の魅力と発展

　各題材の締めくくりとして，それぞれの事例をなぜ紹介しているのかを伝えるため，その魅力を示しました。また，一つの事例でもその難易度や方法を変えたり，音楽を形づくっている要素を変化させたり加えたりすることで，他の題材に発展させられることも述べています。

評価規準　（　）評価方法　【　】子供への評価のポイント
技1　拍の流れを感じ取りながら，音の上がり下がりに気を付けて 　　　□拍の流れが感じられる表現　　□音の上がり下がり
【Aと判断するポイント】 ・いろいろな歌い方でつくっている。 ・音の上がり下がりを十分に理解し，工夫している。 ・拍の流れを感じ取って，つなげるタイミングを意識している。 ・全体の流れを理解し，友達の表現を聴きながらつないでいる。

音楽づくり・創作に関わる
音楽表現の技能の評価には，
□で見取るポイントを示しました。

| 小学校 第1学年 | 題材名「わらべうたでつくろう」 | 3時間 |

題材のねらい

わらべうたの旋律の特徴を生かして，拍の流れを感じ取りながら，歌ったり旋律をつくったりする。

学習指導要領との関連

音楽づくり ア・イ
扱う〔共通事項〕に示された内容
旋律，拍の流れ，フレーズ，
反復，問いと答え

題材の特徴

本題材は，わらべうたの旋律の特徴を生かして言葉に合った旋律をつくり，拍の流れを感じ取りながら表現する学習です。始めは，果物の名前を4拍で歌い，友達とリレーをします。次に8拍のフレーズになるように言葉と旋律を考え，グループでつなげて歌います。さらに『それからどうした』（A）の問い掛けに，答えの言葉や友達の答えの言葉の続きを考え，音の上がり下がりを工夫して旋律をつくります。最後に，前奏→A→一人→A→一人～→A→後奏とつなげて表現します。

題材の評価規準

音楽への関心・意欲・態度

関1 日本のわらべうたで遊んだり歌ったり，旋律をつくったりする学習に，進んで取り組もうとしている。

音楽表現の創意工夫

創1 旋律を聴き取り，言葉と旋律や，旋律と拍の流れとの関わり合いによって生まれるよさや面白さを感じ取りながら，フレーズに気を付けて音の上がり下がりを工夫し，どのような旋律をつくるかについて思いをもっている。

音楽表現の技能

技1 拍の流れを感じ取りながら，音の上がり下がりに気を付けてまとまりのある旋律をつくったり，友達と合わせて表現したりしている。

| 教材・教具等 | |

木琴
拍の流れや音の高さをつかむ手助けのために使用する。
わらべうたで使われる"ミソラ"の音を使って，教師が ♩ ♪ ♩ ♪ ｜ ♩ ♪ ♩ ♪ ｜ のリズムを刻み，
拍の流れを示すようにする。
同時に，子供たちが旋律をつくる際，音の高さをつかめるように，教師が歌ったり，
子供たちが歌ったりするときの手助けにする。

音の動きの掲示用カード

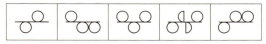

「もも」 「みかん」「ばなな」「おれんじ」「りんご」

2～3音の音の動きを表すカードを用意し，音高を意識できるようにする。

拍の流れの掲示用カード
4拍で歌うときは，まず たんたんたんうん のカードを示しながら唱えるようにし，
8拍で歌うときは たんたんたんたん たんたんたんうん のカードを示すようにする。

| 学習のヒント | |

音楽づくりのルール1
【4拍でつくる】
♩ ♩ ♩ ♪ の拍の流れを感じ取って，好きな果物の名前の歌い方を考える。

【8拍でつくる】
♩ ♩ ♩ ♪ ｜ ♩ ♩ ♩ ♪ ｜ の拍の流れを感じ取って，二つの果物の名前のリズムと
旋律を考え，しりとりで歌う。

音楽づくりのルール2
・『それからどうした』の問いに答える言葉を考え，8拍のまとまりで旋律をつくって歌う。
・『それからどうした』とつくった旋律を組み合わせてグループの音楽をつくる。
　〈例〉「あさはやくおきました」『それからどうした』「かおをあらった」『それからどうした』

音楽づくりの進め方
1｜いろいろなわらべうたを遊んだり歌ったりして，わらべうたの旋律の感じをつかむ。
2｜自分の好きな言葉を使って4拍の旋律をつくり，リレーやしりとりで歌う。
3｜『それからどうした』に続く言葉を考え，8拍のまとまりの旋律をつくる。
4｜『それからどうした』をA（問い掛け）とし，つくった旋律（答え）をB・C・Dとして，
　　グループで言葉の音楽をつくる。
　　〈出だし〉−A−B−A−C−A−D−A−〈終わり〉
5｜発表をして互いに聴き合う。

指導計画｜3時間　‖ねらい‖

| 親しむ 第1時 | わらべうたの旋律に親しみ，歌ったり遊んだり旋律をつくったりする。 |

●学習内容　▶学習活動　発表の例　　❖教師の働きかけ　T作品等への価値付けの例

― ● いろいろなわらべうたで遊び，わらべうたの旋律に親しむ。

▶既習曲「ひらいた ひらいた」を思い出して歌ったり，いろいろなわらべうたで遊んだりする。
〈例〉
「茶つぼ」（一人）
「おちゃらか ほい」（二〜三人）など

❖音の高さに気を付けて歌うように助言する。
❖十分に遊び，歌や動きに慣れるようにする。
❖ミソラの音を使って木琴で伴奏をし，音の高さをつかむ手助けにする。
＊伴奏のリズム
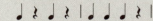

教室のレイアウト

●教師

四〜五人で一組になれるように座席をつくる。

○○　○○　○○　○○
○○　○○　○○　○○

○○　○○　○○　○○
○○　○○　○○　○○

― ● 音の上がり下がりに気を付けて，いろいろな歌い方で歌う。

▶好きな果物の名前を選ぶ。
▶言葉の抑揚に合った音の動きを試しながら，♩♩♩𝄽 に収まるように歌ってみる。

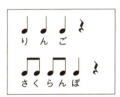

▶「すきなくだものなーに」に続いてリレーをする。

❖音の動きカードを見ながら試すようにする。

「もも」「みかん」「ばなな」「おれんじ」「りんご」

❖ のカードを示し，拍の流れが見て分かるようにする。
❖歌い方が分からない子供には，教師が見本を示すようにする。
❖友達と同じになってもよいことを伝える。
❖木琴で伴奏をし，拍の流れを示す。また，音の上がり下がりをつかめるように旋律を助ける。　　関1

評価規準　〈 〉評価方法　【 】子供への評価のポイント

関1　日本のわらべうたで遊んだり歌ったり，旋律をつくったりする学習に，進んで取り組もうとしている。　〈表情観察，表現観察〉

【Aと判断するポイント】
・積極的な行動や発言，手遊びを楽しんでいる。
・4拍で，いろいろな言葉の歌い方を試している。

【Cになりそうな子供への支援】
・遊び方の手助けをする。
・一緒に歌うようにする。

| 試す,つくる 第2時 | 拍の流れを感じ取りながら,音の上がり下がりやフレーズに気を付けて旋律をつくる。 |

● 学習内容　▶ 学習活動　発表の例　　❖ 教師の働きかけ　Ⓣ 作品等への価値付けの例

● **拍の流れを感じ取って,8拍のまとまりで旋律をつくる。**

▶ 8拍の流れを知り,果物の名前のしりとりで歌う。

❖ たん たん たん たん たん たん たん うん のカードを示し,友達の言葉のあとに自分の言葉をつなげるようにする。
❖ 友達の声をよく聴くように促す。

りんごと みかん　みかんと さくらんぼ　さくらんぼと もも

▶ 好きな果物に飾りの言葉を付けて旋律をつくる。

❖ 飾りの言葉にはどんな言葉があるか思い浮かべるようにする。
❖ 前時の旋律の動きを参考にするようにする。

▶ 拍の流れを感じ取って,友達とつなげて歌う。

❖ つなぐタイミングをよく聴くように促す。

あまい りんご　だいすきな めろん　いちごは あかいよ

● **『それからどうした』の問いに答える言葉を考え,音の上がり下がりを工夫して旋律をつくる。**

▶ 問い掛けの旋律『それからどうした』を全員で歌う。
▶ 教師の例を聴いてつくり方を知る。

❖ 「音楽づくりのルール2」を示す。

きょうは にちようび　それから どうした
ホットケーキを つくった　それから どうした

▶いろいろな出だしの続きを考えて,試してつくる。

❖いろいろな出だしの例を示す。
〈例〉「今日はいい天気」「もうすぐ誕生日」
「明日は日曜日」など
❖音の上がり下がりに気を付けるようにする。
❖8拍のまとまりになっているか確かめるように助言する。
❖しっかり声を出すようにする。
❖木琴の伴奏をよく聴き,拍の流れを感じ取って歌うように促す。
🅣言葉によく合った音の上がり下がりの工夫ができました。
♩♩♩♩｜♩♩♩ ♪｜のリズムによく合っていました。　　創1

評価規準　〈 〉評価方法　【 】子供への評価のポイント

創1 旋律を聴き取り,言葉と旋律や,旋律と拍の流れとの関わり合いによって生まれるよさや面白さを感じ取りながら,フレーズに気を付けて音の上がり下がりを工夫し,どのような旋律をつくるかについて思いをもっている。　〈表現観察〉

【Aと判断するポイント】
・拍の流れを十分に意識し,8拍のまとまりを理解している。
・音の上がり下がりに気を付けて何度も試してつくっている。
・いろいろな言葉を試している。

【Cになりそうな子供への支援】
・教師が言葉や歌い方の例を示し,まねをするようにする。
・示された例の中から選んでもよいようにする。
・近くで拍打ちをしながら一緒につくる。
・友達の歌い方を聴くように促す。

つくる,聴き合う　第3時
拍の流れを感じ取りながら,友達と協力し,旋律をつないでまとまりのある音楽をつくる。

●学習内容　▶学習活動　発表の例　　❖教師の働きかけ　🅣作品等への価値付けの例

● **拍の流れを感じ取りながら,グループで旋律をつないでまとまりのある音楽をつくる。**

▶前時を振り返り,まとめ方を確かめる。
▶グループの出だしの言葉と旋律を決める。
▶歌う順番と,一人一人の言葉と旋律を決める。
▶全員で歌う終わりの言葉と旋律を決め,つなげて練習をする。

❖まとめ方を掲示するようにする。
❖例に挙げたものから選んでもよいし,自分たちで考えてもよいことにする。
❖言葉が決められない子供には,友達と相談してもよいようにする。
❖拍の流れを感じ取ってつなげるように助言する。

音楽づくりに関わる掲示
〈まとめ方の掲示〉

でだし ○○○○ ◇◇◇◇（ぐるーぷぜんいん）
『それからどうした』（きいているみんな）
1ばん □□□□□□□□（ぐるーぷのAさん）
『それからどうした』（きいているみんな）
2ばん □□□□□□□□（ぐるーぷのBさん）
『それからどうした』（きいているみんな）
3ばん □□□□□□□□（ぐるーぷのCさん）
『それからどうした』（きいているみんな）
4ばん □□□□□□□□（ぐるーぷのDさん）
『それからどうした』（きいているみんな）
おわり □□□□ ○○○○（ぐるーぷぜんいん）

● つくった作品を発表し，互いに聴き合う。

▶ 発表の仕方を知る。
▶ グループごとに発表をする。
▶ 友達の発表のよいところに気付いて発言する。

❖ 挨拶や並び方など，発表の仕方を示す。
❖ 木琴の伴奏にのって発表をする。

🅣 友達の声をよく聴いて発表したのでつながりがとてもスムーズでした。しっかりした声で，音の上がり下がりも工夫していました。技1

> 日曜日のことを表現しました。
> 一人一人の歌の言葉が途切れないように歌いたいです。

評価規準　〈 〉評価方法　【 】子供への評価のポイント

技1 拍の流れを感じ取りながら，音の上がり下がりに気を付けてまとまりのある旋律をつくったり，友達と合わせて表現したりしている。〈表現観察〉
　□拍の流れが感じられる表現　□音の上がり下がりの工夫　□8拍のまとまり

【Aと判断するポイント】
・いろいろな歌い方でつくっている。
・音の上がり下がりを十分に理解し，工夫している。
・拍の流れを感じ取って，つなげるタイミングを意識している。
・全体の流れを理解し，友達の表現を聴きながらつないでいる。

【Cになりそうな子供への支援】
・いろいろな答えの言葉の例を示し，自分の言葉を決められるようにする。
・一緒に歌いながら，決めた言葉の旋律をつくる。
・木琴の伴奏を聴き，一緒に歌って拍の流れをつかむようにする。
・まとめ方の掲示を見て順番を確認するよう促す。
・声掛けなどで，つなげるタイミングの合図を示す。

本題材の魅力と発展

わらべうたはどの学年で取り組んでも楽しいものですが，とりわけ1年生では，
手遊びなど体を使って楽しく遊びながら行うことが大切です。
互いに手を合わせ声を合わせることは，拍の流れを共有することにつながります。
また，わらべうたの音域は2〜3音で構成されており，
低学年の児童にとっては音高がつかみやすく歌いやすいものなので，歌唱の学習への導入としても有効です。
わらべうたの音階は，日本の音階につながる手掛かりになるので，低学年のうちに十分に親しんでおきましょう。
太鼓や鉦などを入れたお囃子，日本の伝統的な音階を使った旋律づくり，また地域に伝わる郷土芸能を学ぶなど，
学習の幅を広げることができます。

| 小学校第3学年 | 題材名「リズムパターンでつくろう」 | 3時間 |

題材のねらい

リズムパターンの特徴を聴き取り,拍の流れとの関わり合いを感じ取って,反復や変化を生かしたリズムアンサンブルをつくる。

学習指導要領との関連

音楽づくり ア・イ
扱う〔共通事項〕に示された内容
音色,リズム,拍の流れ,フレーズ,反復,変化

題材の特徴

本題材は,特徴的なリズムパターンをもとに,試行錯誤しながら,4分の4拍子,4小節のリズムをつくって友達と合わせ,思いや意図をもってリズムアンサンブルをつくる学習です。

まず,音の素材となる「体を使って出す音」の音色のよさや面白さに気付きます。その音を使って,低学年で学習した ♩や♫ のリズムの違いを感じ取りながら,♩や ♩. ♪,♫ ♪ などの2拍分のリズムも活用し,小さいまとまり(4拍)の反復,大きいまとまり(8拍)への変化を意識して自分なりのリズムをつくります。さらに,「もとのリズム」や「友達のリズム」と組み合わせて,体を使って出す音によるリズムアンサンブルをつくります。

題材の評価規準

音楽への関心・意欲・態度

関1 体を使って出す音やリズムパターンの特徴に興味・関心をもち,反復や変化を生かしたリズムのフレーズをつくる学習に進んで取り組もうとしている。

音楽表現の創意工夫

創1 体を使って出す音の音色,リズムの反復や変化を聴き取り,拍の流れとリズムのフレーズの関わり合いが生み出すよさや面白さを感じ取って,リズムの組合せを試行錯誤しながら工夫している。

創2 リズムパターンの特徴を聴き取り,その組合せによる効果を感じ取りながら,体を使って出す音の音色を生かして反復や変化を工夫し,どんなリズムアンサンブルをつくるかについて思いや意図をもっている。

音楽表現の技能

技1 体を使って出す音の音色,リズムの反復や変化を生かし,拍の流れを感じ取ってリズムのフレーズをつくっている。

技2 体を使って出す音の音色を生かして「もとのリズム」と「自分や友達のリズム」を組み合わせ,反復や変化を活用してリズムアンサンブルをつくっている。

教材・教具等	

電子オルガン
拍打ちやリズムパターン機能が付いている電子オルガン。
即興的なリズム表現を行う際に活用する。子供たちが拍を感じる手助けとなり，正確な速度で表現することができる。また，教師がゆとりをもって子供たちの様子を把握しやすくなる。
慣れてきたら，サンバ，ロックなどのリズムパターンを活用し，即興的なリズム表現を促すと，子供たちのリズムも多彩になってくる。

リズムカード

1拍を表すリズムカードや2拍を表すリズムカードを用意し，裏に両面テープを付けたり，はがせるノリを付けたりしておく。

リズムカードを貼る台紙
　□□□□　×4（一人分）
画用紙を縦に4等分し，1拍ずつ縦線を入れて1小節を表すようにする。
2枚をつなぎ合わせて，2小節分にしたものも準備しておくと，リズムのまとまりが分かりやすい。

学習のヒント	

音楽づくりのルール1
【一人でつくる】
・4分の4拍子，4小節のリズムをつくる。
・小さいまとまりの反復と，大きいまとまりに変化する「もとのリズム」の仕組みでつくる。
・試しながらつくり，リズムカードで確かめて楽譜にする。
・手拍子，足踏み，ひざ打ち，声（「タ」や「ル」ほか）など，体を楽器にして表現する。

音楽づくりのルール2
【グループでつくる】
・互いのリズムをよく聴き合い，よい音で表現しながらつくる。
・「もとのリズム」と各自のリズムの組合せ方を工夫してつくる。
・始めと終わりは，全員で「もとのリズム」を打つ。

音楽づくりの進め方
1｜体を楽器のように使って，いろいろな音を試す。
2｜自分が決めた体を使って出す音で，即興的に4分の4拍子，8拍のリズム模倣や問答，リレーをする。
3｜「もとのリズム」を手拍子で打ち，その仕組みを知る。
4｜「もとのリズム」の仕組みを生かして，「自分のリズム」を試しながらつくり，リズムカードを使って楽譜にする。
5｜グループごとに「もとのリズム」とそれぞれの「自分のリズム」を組み合わせて，体を使って出す音によるリズムアンサンブルを仕上げる。

指導計画｜3時間　‖ねらい‖

第1時 試す,つくる
拍の流れを感じ取り,体から生まれるいろいろな音を試しながら,即興的なリズム表現をしたり,「もとのリズム」の仕組みを生かして,「自分のリズム」をつくったりする。

◉学習内容　▶学習活動　発表の例
❖教師の働きかけ　Ⓣ作品等への価値付けの例

― ◉**体を使って出す音の響きを感じ取りながら,即興的にリズムをつくる。**
▶ 手拍子や足踏みなど,いろいろな音を試す。
▶ 見付けた音で ♩♩♩ 𝄽 を打ち,音の紹介をする。
▶ 見付けた音で4分の4拍子,4拍のリズムを即興的につくり,友達のリズムを模倣したり,一人2回反復したリズム(4拍×2)をリレーしたりする。
▶ 見付けた音で4分の4拍子,8拍のリズムを即興的につくり,二人一組でリズム問答をする。

❖ 明確で歯切れのよい音を見付けるように助言する。
❖ 拍の流れを感じ取って表現できるように,教師が拍打ちをしたり,電子オルガンでビートの音を流したりする。
❖ 体を使って出す音から1〜2音を選んで表現するようにする。
❖ 2回ずつ交代で行うように助言する。 関1

教室のレイアウト

全体の指導時,四人一組になれるように座席をつくる。
○○　○○　○○　○○
○○　○○　○○　○○

○○　○○　○○　○○
○○　○○　○○　○○

― ◉**「もとのリズム」の仕組みを生かして,「自分のリズム」をつくる。**
▶ 「もとのリズム」の仕組みを知る。

▶ 「もとのリズム」を手拍子で打つ。
▶ 「もとのリズム」の仕組みを生かして,「自分のリズム」を試しながらつくる。
▶ つくったリズムをリズムカードで確かめながら,台紙に貼る。
▶ 数人のリズムを紹介する。

❖ 「もとのリズム」を黒板に掲示し,即興的に表現したことと関連付けながら,反復と変化について確認する。
❖ リズム唱しながらつくるように助言し,できたリズムをカードで確かめるようにする。
❖ 次時に,全員発表することを伝える。 創1

音楽づくりに関わる掲示
音楽づくりのルール1【一人で】
1
　同じリズムの繰り返し(4拍+4拍)

　変化したリズム(8拍)
　　　　　　の仕組みでつくる。
2 試しながらつくる。
3 自分の体のどこを使って打つかを決める。
4 リズムが決まったら,リズムカードを使って楽譜をつくる。

5 楽譜とつくったリズムが合っているか確かめる。

評価規準　〈　〉評価方法　【　】子供への評価のポイント

関1 体を使って出す音やリズムパターンの特徴に興味・関心をもち,反復や変化を生かしたリズムのフレーズをつくる学習に進んで取り組もうとしている。　〈発言内容,表情観察,表現観察〉

【Aと判断するポイント】
・積極的な対応や発言,体を使って出す音を打ちながら意欲的なリズムづくりをしている。

【Cになりそうな子供への支援】
・教師がそばに行き,手助けをしながら一緒につくる。

創1 体を使って出す音の音色，リズムの反復や変化を聴き取り，拍の流れとリズムのフレーズの関わり合いが生み出すよさや面白さを感じ取って，リズムの組合せを試行錯誤しながら工夫している。　〈発言内容，表情観察，表現観察〉

【Aと判断するポイント】
・多くの打ち方やリズムを試している。
・つくっているリズムのよさが伝わるように何度も考え，決めている。

【Cになりそうな子供への支援】
・友達の表現を模倣したり，教師が例示したりしてつくるように促す。

つくる，高める　第2時
拍の流れを感じ取って，つくったリズムを表現したり，グループでリズムアンサンブルをつくったりする。

● 学習内容　▶ 学習活動　発表の例　❖ 教師の働きかけ　T 作品等への価値付けの例

● 拍の流れを感じ取って，「自分のリズム」を表現し，「友達のリズム」とつなげる。

▶「自分のリズム」を確かめ，よい音で表現できるように何回か試す。
▶ 四人グループで互いのリズムを聴き合う。

▶「もとのリズム」とつなげて，学級全体で表現する。
「もとのリズム」→「Aさんのリズム」→「もとのリズム」→「Bさんのリズム」～「もとのリズム」

❖ 前時のリズム譜を見ながら，確かめるように促す。
❖ 時間を決めて，何回か聴き合うようにし，互いのよさを認め合ったり，表現の仕方について意見を述べ合ったりするように助言する。
❖ 拍の流れを感じ取れるように，弱くビートを入れたり，十人ほどで止めて，意見を交流するようにする。
T 響きのよい手拍子でした。小さいまとまりのリズムが心地よく繰り返され，長い音符やその一部を使って変化していたので聴き応えのあるリズムになりました。リズム譜も正しくつくれました。**技1**

● 互いのリズムを聴き合いながら，グループでリズムアンサンブルをつくる。

▶ いろいろなつなぎ方や重ね方を試す。
▶ 各自のリズムをよく聴きながら，つなぎ方や重ね方を工夫して，リズムアンサンブルをつくる。
〈組合せ方の例〉
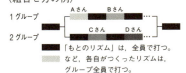
「もとのリズム」は，全員で打つ。
など，各自がつくったリズムは，グループ全員で打つ。
▶ 幾つかのグループが発表し，意見交換をする。
▶ 自分たちがどのような音楽にしたいかをワークシートにまとめる。

❖ 教師がリードし，「音楽づくりのルール2」を参考に，グループや学級全体で試す。
❖ 始めと終わりは，「もとのリズム」にするように伝える。
❖ いろいろな組合せ方を試しながらつくるように助言する。
❖ 各グループを巡回し，それぞれのよさを認めながら，つまずいている点について助言する。
❖ 新しいつなぎ方や重ね方を考案した理由を聞き，思いや意図を確認し，よさを認める。
❖ 効果的なつなぎ方や重ね方をしているグループを指名し，紹介する。
❖ なぜ，そのような音楽にしたのか発表できるように話し合いを進める。**創2**

音楽づくりに関わる掲示

音楽づくりのルール2【グループで】
1　互いのリズムをよく聴き，よい音で表現する。
2　各自のリズムは1回使い，組合せ方の例を参考につくる。

㋐「もとのリズム」（■）とつなげて〈ロンド〉

※「もとのリズム」はみんなで打つ。

㋑「もとのリズム」に重ねて
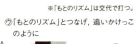
※「もとのリズム」は交代で打つ。

㋒「もとのリズム」とつなげ，追いかけっこのように

※始めと終わりの「もとのリズム」はみんなで打つ。

㋓ ㋒と反対につないで

評価規準　〈 〉評価方法　【 】子供への評価のポイント

技1 体を使って出す音の音色, リズムの反復や変化を生かし, 拍の流れを感じ取ってリズムのフレーズをつくっている。
〈行動観察, 表現観察, リズム譜〉
□音色のよさ　□効果的なリズムの組合せ　□反復や変化の仕方
□拍の流れが感じられる表現　□リズム譜の正確さ

【Aと判断するポイント】
・表現する音がよく響いている。
・反復と変化が生き, よくまとまっている。
・すべて自分の力でリズム譜をつくっている。

【Cになりそうな子供への支援】
・拍を感じられない子供は, 近くで拍を打つ。
・「自分のリズム」が分からなくなってしまう子供には, リズム譜を指さしたり, 一緒に打ったりする。
・リズム譜をつくれない子供には, 一緒につくったり友達に応援してもらったりする。

創2 リズムパターンの特徴を聴き取り, その組合せによる効果を感じ取りながら, 体を使って出す音の音色を生かして反復や変化を工夫し, どんなリズムアンサンブルをつくるかについて思いや意図をもっている。　〈発言内容, 表現観察, ワークシート〉

【Aと判断するポイント】
・よりよい音を求めて表現している。
・反復や変化を意識し, みんなのリズムが生きるように, ルールに示されていない組合せ方も考えたり試したりしている。
・自分たちの音楽についての思いや意図がワークシートに明確に記されている。

【Cになりそうな子供への支援】
・友達の考えに賛成や反対が言えるようにし, また, 反対ならどうしたらよいか試しながら考えるように助言する。
・子供の思いを引き出すように一緒に考え, こうしたいという思いがもてるように促す。

聴き合う, 共有する　第3時

グループでつくったリズムアンサンブルを聴き合い, そのよさや面白さを共有する。

● 学習内容　▶ 学習活動　発表の例
❖ 教師の働きかけ　T 作品等への価値付けの例

● 拍の流れを意識し, つくったリズムアンサンブルを表現して, 聴き合う。

▶ ワークシートを見ながら, 前時を振り返り, 自分たちのリズムアンサンブルを仕上げる。

❖ ワークシートの記述や表現する様子を観察しながら, よりよい表現になるように助言し, リズムアンサンブルへの価値付けの仕方を考えておく。

▶ 「聴きどころ」を述べ, 発表し合う。

> 私たちは, ⑦のつなげ方にしました。Aさんのリズムから始めて「もとのリズム」を間に入れて, Bさん Cさん Dさんと順につなげるようにしました。理由は, AさんとCさんのリズムが似ていて二人とも手拍子で打つので, 間にちょっと違った感じで, 足踏みで表現するBさんのリズムを入れたほうが変化が出てよいと思ったからです。
> リズムの変化を楽しんで聴いてください。

- ▶ 気付いたり思ったりしたことについて発言する。
  - ・体を使って出す音の音色
  - ・聴きどころの内容とつなぎ方や重ね方のよさ
  - ・全体としての感想

> Bさんのリズムがほかの人と違って長い音符のリズムだったので,変化しているのがよく分かり,聴いていて楽しかったです。
> 手拍子や足踏みの音がいい音でした。

❖ 友達の表現のよかったところを,聴きどころや「音楽づくりのルール2」に基づいて,意見を交換するように助言する。

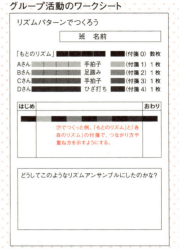

🅣 それぞれの体を使って出す音がよく響きました。「もとのリズム」と「各自のリズム」のつなげ方がとても効果的で,変化した感じがよく伝わりました。ですから,全体としてまとまりのあるリズムアンサンブルになり,聴いていてわくわくしてきました。

- ▶ 全グループのリズムアンサンブルをつなげてまとめる。

❖ 拍を感じられるように,拍打ちを加えたり,一緒に打ったりする。 [技2]

評価規準　〈 〉評価方法　【 】子供への評価のポイント

[技2] 体を使って出す音の音色を生かして「もとのリズム」と「自分や友達のリズム」を組み合わせ,反復や変化を活用してリズムアンサンブルをつくっている。　〈表現観察,発言内容,ワークシート〉
　　□体を使って出す音の音色のよさ　□ワークシートの構成表と表現の一致
　　□反復や変化を生かしたリズムの組合せ

【Aと判断するポイント】
- ・表現がよりよくなるように,体を使った音の音色に十分に気を付けている。
- ・自分や友達の考えをまとめ,思いや意図に沿って反復と変化が明確に生かされたリズムアンサンブルをつくっている。

【Cになりそうな子供への支援】
- ・体を使った音が響かない場合は,打ち方を試しながら,よい音を見付けるように促す。
- ・友達の意見を聞き,その考えでリズムアンサンブルづくりをするように助言する。
- ・組合せ方を一緒に考え,表現し,ワークシートの記入にも寄り添うようにする。

本題材の魅力と発展

♩♩♩𝄽｜♩♩♩𝄽｜♩♩♩♩｜♩♩♩𝄽‖ のリズムのフレーズは,
子供たちにとって身近なリズムであり,リズムそのものが魅力的です。
そのうえ,最も身近である体を使って出す音を使うことで,より音楽づくりへの意欲が高まります。
ここでは,リズムパターンの特徴を生かしてリズムをつくるだけでなく,体を使って出す音の音色に気を付けたり,
3年生なりに音楽の仕組みを生かしてリズムアンサンブルをつくったりする活動を展開しています。
これは,高学年になって行う打楽器のアンサンブルや言葉のアンサンブルの素地になります。
また,「もとのリズム」の仕組みは,今後学習するいろいろな楽曲にも用いられているので,
ここでの学習を振り返りながら,音楽の形にも着目する指導に発展することができると考えています。

| 小学校 第5学年 | 題材名「日本の音階で旋律をつくろう」 | 3時間 |

題材のねらい

日本の旋律のもつ特徴や美しさを感じ取りながら，音楽の仕組みを生かし，見通しをもって日本の音階で旋律をつくる。

題材の特徴

本題材は，日本の音階の特徴を生かして，旋律をつくります。日本の音階のよさや特徴を感じ取りながら，音楽づくりに取り組むことができるようにするために，既習教材「さくら さくら」で使われた五音音階（ミファラシド）を用います。また，共通のリズム（4分の4拍子で2小節）を設定することによって，旋律の上がり下がりなどによる，即興的な旋律づくりが容易にできます。さらに，音楽の仕組みを生かして，友達の旋律とつなげ，終わりの音を設定しておくことによって，まとまりのある音楽をつくる活動へと進めていきます。

学習指導要領との関連

音楽づくり ア・イ
扱う〔共通事項〕に示された内容
リズム，旋律，音階，拍の流れ，反復，問いと答え，変化

題材の評価規準

音楽への関心・意欲・態度

関1 日本の音階に興味・関心をもち，その音を使って旋律をつくったり，つないだりして，つくる学習に主体的に取り組もうとしている。

音楽表現の創意工夫

創1 日本の音階の特徴を聴き取り，その働きによって生まれるよさや特徴を感じ取って，旋律の上がり下がりを選び，試行錯誤しながら旋律をつくり，終わり方を工夫している。

創2 友達のつくった旋律の特徴を聴き取り，旋律の上がり下がりによる効果を感じ取りながら，見通しをもって，反復や問いと答え，変化を生かし，どのようにまとまりのある旋律をつくるかについて思いや意図をもっている。

音楽表現の技能

技1 日本の音階の音とリズムを使って，旋律の上がり下がりに気を付けて短い旋律をつくっている。

技2 友達がつくった旋律とつなげて，反復や問いと答え，変化などを生かしてまとまりのある旋律をつくっている。

教材・教具等

箏
平調子（ミ ファ ラ シ ド）に調弦をしておくことによって、どの弦を弾いても日本の音階の音になるため、容易に日本の音楽の特徴を生かした旋律をつくることができる。
また、弦の音色自体が日本の音楽の雰囲気を醸し出しているので、日本の音楽のよさや特徴を感じ取りながら、即興的に日本の音階での音楽づくりを行うに当たって有効な楽器である。
箏以外では、鍵盤楽器や木琴を用いて、その楽器のミ ファ ラ シ ドの音に印を付けて行うとよい。

リズム譜
音の動きを工夫して旋律をつくるために、リズムの例を提示する。

ワークボード（A3判）
ペア学習で自由に旋律づくりができるように、譜面台に立てたホワイトボードにリズム譜をマグネットで貼り、マジックで階名（弦の名前）が書けるようにしておく。

学習のヒント

音楽づくりのルール
【リズム】
設定されたリズムで、旋律をつくる。

【音の動き】
ミ ファ ラ シ ドの五つの音を使い、隣り合う音の動きを用いる。

①高さがあまり変わらない　②上がっていく　③下がっていく　④下がってから上がる

【つなげ方】
旋律をつなげるときは、反復や問いと答え、変化を生かして、まとまりのある音楽に仕上げる。

【終わりの音】
終わりの音は、ミ、シ、ミの三つから選ぶ。

音楽づくりの進め方
1｜手拍子などで、4分の4拍子、1小節のリズムを確かめる。
2｜設定されたリズムで、即興的に旋律をつくる。
3｜ペアでそれぞれの旋律をつなげる。
4｜4分の4拍子、2小節のリズムで旋律をつくる。
5｜選んだリズムで旋律をつくり、ペアで二つの旋律のつなげ方を試しながら演奏し、記録する。
6｜つくった演奏を聴き合い、互いのよさを認め合う。

指導計画｜3時間　‖ねらい‖

第1時 試す,つくる

日本の音階のよさや特徴を感じ取りながら,旋律の上がり下がりや,終わりの音を工夫して,2小節の旋律をつくる。

● 学習内容　▶ 学習活動　発表の例　❖ 教師の働きかけ　T 作品等への価値付けの例

● ミ, ファ, ラ, シ, ドの音階の音を確かめる。

▶ 箏を自由に弾いたり,「さくら さくら」の前半を演奏したりして,日本の音階の雰囲気を感じ取る。

❖ 箏の弦を順番に弾き,日本の音階の特徴を感じ取ることができるようにする。
❖ 既習曲「さくら さくら」や「かり かり わたれ」などを聴いたり,弾いたりして日本の音階でできていることを確かめる。　関1

● 設定されたリズムで即興的に旋律をつくる。

▶ ♩ ♫ ♩ ♪ のリズムを確かめ,教師のまねをして弾く。
〈2音の場合の例〉

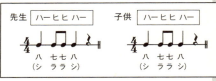

❖ 手拍子やリズム唱（タン タタ タン ウン）でリズムを確かめる。
❖ どの弦を弾いているか分かるように,弦の名前を歌いながら弾くようにする。
❖ 回を重ねるごとに1音ずつ増やしていく。
❖ 音が動くときは,隣の音（隣の弦）に動くように助言し,モデルを示す。

▶ ♩ ♫ ♩ ♪ のリズムで即興的に旋律をつくり,リレーをする。

❖ 四つの音の動きを提示する。

● ペアになって, ♩ ♫ ♩ ♪ のリズムで2小節の旋律をつくり,つなげる。

▶ つなげ方を考え,ペアで旋律をつなげて演奏し,試す。
▶ 試した中で,それぞれのペアの旋律が反復や問いと答え,変化のうちどれを取り入れたのかを発表し,お気に入りの旋律を発表する。

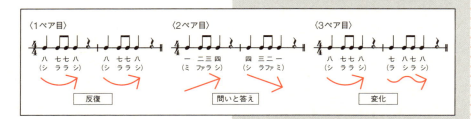

❖ つなげ方のポイントとして,反復や問いと答え,変化の方法があることを示し,ペアで即興的な演奏を試す場の設定をする。

▶ 終わった感じになるペアの旋律を取り上げ,まとまりのある旋律について考える。

❖ 最後の音がミ,シのとき,終わった感じになることを確認する。

教室のレイアウト

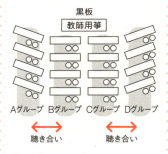

箏の右端にペアで座る。
※立奏台がない場合は,両脇に椅子等を用いる。その際,箏がすべらないようにフェルト系の布等を敷くとよい。

音楽づくりに関わる掲示1

「さくら さくら」で使われる日本の音階

〈弦の名前で歌うときの例〉
弦の一から順に,
イチ, ニ, サン, シ, ゴ, ロ, ヒ, ハ, ク, ジュウ, ト, イ, キン。

音楽づくりに関わる掲示2

〈音の動き〉
日本の音階を使い,隣り合う音の動きを用いる

① 音の高さがあまり変わらない
② 上がっていく
③ 下がっていく
④ 下がって上がる

第2章　見通しをもった授業で学びを深める

- ● ♩♫♫♩ ₹ のリズムでも旋律をつくり，つなげる。

▶ ペアで旋律をつくる。

❖ ♩♫♩ ₹ と同様に音の動きやつなげ方を用いて旋律をつくるように示す。終わった感じになるように，最後の音がミかシにするとよいことを確かめる。

❖ 互いに聴き合うことで意見の交流をし合うことができるようにする。

音楽づくりに関わる掲示3

〈音楽のつなげ方〉〈音楽の仕組み〉
①反復　②問いと答え　③変化

〈終わりの音〉
旋律の終わりの音は，次の三つの音から選ぶ。

（一，五）（八）（十）

▶ すべてのペアのつくった旋律をリレー方式で演奏し，発表する。
▶ 本時の振り返りをし，次時ではペアで4小節の旋律をつくることを知る。

> ♫♫♩ ₹ でつくると，♩♫♩ ₹ より音が増えて，つくるのが面白くなってきた。友達と組み合わせて一つの旋律にすると，組合せの仕方によって感じが違うので聴いていても楽しかった。

Ⓣ 日本の音階の特徴を感じ取りながら，音楽の仕組みを使って即興的に音楽をつくることができましたね。終わった感じになるように，最後の音をミやシにするとよいことに気付くことができましたね。　**技1**

評価規準　〈 〉評価方法　【 】子供への評価のポイント

関1 日本の音階に興味・関心をもち，その音を使って旋律をつくったり，つないだりして，つくる学習に主体的に取り組もうとしている。　〈発言内容，表情観察，表現観察〉

【Aと判断するポイント】
・積極的な対応や発言，意欲的に箏（楽器）で音を出して旋律づくりをしている。

【Cになりそうな子供への支援】
・教師がそばに行き，手助けをしながら一緒につくる。

技1 日本の音階の音とリズムを使って，旋律の上がり下がりに気を付けて短い旋律をつくっている。　〈表現観察〉
　　□旋律の上がり下がりの仕方
　　□つなげた旋律の反復，問いと答え，変化の生かし方
　　□終わりの音

【Aと判断するポイント】
・旋律の上がり下がりを様々に試して演奏している。
・反復，問いと答え，変化の仕組みをよく理解して，友達と旋律をつなげている。

【Cになりそうな子供への支援】
・教師の模倣をしたり，友達に応援してもらったりして，つくるように促す。
・友達の旋律を反復するように助言する。

つくる,高める 第2時	見通しをもち,音楽の仕組みを用いて,つながりが生み出すよさを感じ取りながら,友達の旋律と組み合わせ,まとまりのある旋律をつくる。

◉学習内容　▶学習活動　発表の例　　❖教師の働きかけ　Ⓣ作品等への価値付けの例

◉ アとイの旋律をつなぎ,4小節の旋律をつくる。

▶ アとイのリズムをリズム唱やリズム打ちをし,確かめる。

❖リズム譜を掲示し,前時の学習で用いたリズムの発展したものであることを示す。

▶ アのリズムで,旋律をつくる。

❖2小節で一まとまりの音の動きであることを確認する。
❖記譜は,箏の場合,弦の名前で記す。（他の楽器の場合は,階名を記す。）

▶ イのリズムで,旋律をつくる。

▶ ペアで1番目と2番目の担当を決め,それぞれ音の動きを用いて旋律をつくって試す。（ただし,反復の場合は,アとイのうち,どちらのリズムかを決める。）

▶ アとイの旋律をつなげる。

❖音楽の仕組みである反復や問いと答え,変化を生かして,つなげ方を工夫するようにする。
❖例を示し,旋律のつなげ方への思いや見通しをもつように促す。　創1

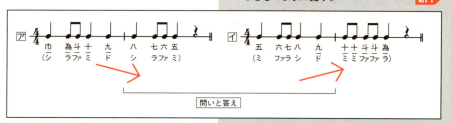

▶ お気に入りの旋律やつなげ方ができたときは,ワークシートにつくった旋律を記録する。

❖各ペアを回り,つまずいているところには,もう一度,例の旋律を示し,支援をする。

音楽づくりの思いや意図を見取るワークシート

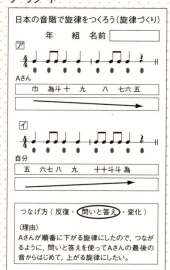

第2章　見通しをもった授業で学びを深める　　82

― ●他のグループの演奏を聴いて，音の動きやつなげ方のよさを認め合い，自分たちの旋律づくりに生かす。

▶ 他のグループの演奏を聴き合う。
▶ 聴き合う活動を生かし，自分たちの作品を工夫して旋律づくりをする。
▶ 参考となるペアの発表を聴き，友達の構成の工夫に気付く。

❖ クラスを二つのグループに分け，互いの演奏を聴き合い，自分たちの演奏の工夫に生かす場を設定する。
❖ 音の動きやつなげ方を工夫したり，終わりの音を意識したりして旋律をつくっているペアの演奏を紹介し，賞賛する。

🅣 見通しをもち，音楽の仕組みを用いて，つながりが生み出すよさを感じ取りながら，友達の旋律と組み合わせて4小節の旋律をつくることができましたね。　技2

▶ 本時の振り返りをし，次時では本時でつくった旋律に工夫を加え，友達の作品を聴き合うことを予告する。

評価規準　〈 〉評価方法　【 】子供への評価のポイント

創1 日本の音階の特徴を聴き取り，その働きによって生まれるよさや特徴を感じ取って，旋律の上がり下がりを選び，試行錯誤しながら旋律をつくり，終わり方を工夫している。　〈発言内容，表現観察〉

【Aと判断するポイント】
・日本の音階の特徴を生かして，隣り合う音の動きによる旋律の上がり下がりを選んで旋律づくりに取り組んでいる。
・終わった感じになるには，最後の音をミかシで終わるとよいことに気付き，それを用いてまとまりのある旋律をつくっている。

【Cになりそうな子供への支援】
・教師が例示したり，友達の表現を模倣したりしてつくるように促す。
・友達と話し合って，自分の表現をつくってもよいと助言する。

技2 友達がつくった旋律とつなげて，反復や問いと答え，変化などを生かしてまとまりのある旋律をつくっている。
　〈表現観察，行動観察，ワークシート〉
　□旋律の上がり下がりの仕方
　□つなげた旋律の反復，問いと答え，変化の生かし方
　□終わりの音

【Aと判断するポイント】
・日本の音階の特徴をとらえて，旋律をつなぐ際，反復や問いと答えなどを意識し，ペアの友達の旋律が生きるように，つなげ方を工夫している。
・終わりの音を確認しながら，友達と旋律をつなげている。

【Cになりそうな子供への支援】
・友達と考えた方法で，旋律をつくったりつなげたりしてもよいことを助言する。
・うまくつなげることができない場合は，友達の演奏を聴き取り，反復を用いて演奏するように助言する。

| 聴き合う，共有する 第3時 | つくった旋律を聴き合い，そのよさや面白さを共有する。 |

● 学習内容　▶ 学習活動　発表の例　❖ 教師の働きかけ　T 作品等への価値付けの例

― ● つながりが生み出すよさを感じ取りながらつくった旋律を表現し，聴き合う。

▶ ワークシートを見ながら，前時を振り返り，自分たちの旋律を仕上げる。

❖ ワークシートに記述した楽譜や表現する様子を観察しながら，よりよい表現になるように助言し，「音楽づくりのルール」をポイントに，旋律づくりの価値付けの仕方を考えておく。

友達の演奏を聴き合うワークシート

日本の音階で旋律をつくろう（聴き合い）
年　組　名前

○○さん　○○さんペアの演奏を聴いて

| つなげ方の工夫 | 例（変化　）前半は音の動きが全く同じでしたが，最後の部分に上下の動きが入っていて，ミで終わっていたので，まとまりのある音楽になっていた。 |
| 感想 | ※友達の演奏のよさ，日本の音階のよさや美しさなどについても気付いたことや感想を書く。 |

〈終わりの音をラからシに修正した例〉

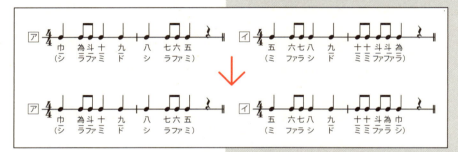

▶ 「工夫したところ」を述べ，発表し合う。

> 私たちは，問いと答えでつなげました。
> 1小節目は，アを下がる，イを上がる旋律にしました。イの始めの音は，アの終わりの音を使いました。
> 最後の音は，シ（巾）にして，終わった感じになるようにし，まとまりのある旋律になるように工夫しています。聴いてください。

▶ 気付いたり思ったりしたことについて発言する。
・音の動きやつなげ方のよさ
・日本の音楽らしさ
・全体としての感想

❖ 友達の表現のよかったところを，工夫しているところや「音楽づくりのルール」に基づいて，意見を交換するように助言する。

> イの始めの音が，アの終わりの音なので，自然につながっており，流れるような旋律だと思いました。
> それぞれの旋律のパターンは下がってから上がっており，隣の音に移動しただけで，日本らしい旋律になっていると感じました。
> 最後の音をシ（巾）にしたことで，終わった感じになっていてまとまりのある旋律になっていました。

> ⓣ 問いと答えのつなげ方を用いたことによって，日本の音階のよさや特徴を生かすことができましたね。また，音の動きのうち，前半の旋律の最後の音と後半の旋律の最初の音を同じにするなど，友達の旋律の特徴を聴き取ってつくることができました。さらに終わりの音を意識して，シにすることによって，全体的にまとまりのある旋律になりました。

▶ 全ペアの作品をつなげて，まとめる。

> ❖ スムーズにつなげることができるように演奏順を示し，準備をしておくようにする。そして，演奏の始めの合図を出すことを予告し，始めのタイミングが合うよう，指示を見ておくように伝える。
>
> 創2

評価規準　〈 〉評価方法　【 】子供への評価のポイント

創2 友達のつくった旋律の特徴を聴き取り，旋律の上がり下がりによる効果を感じ取りながら，見通しをもって，反復や問いと答え，変化を生かし，どのようにまとまりのある旋律をつくるかについて思いや意図をもっている。
〈発言内容，表現観察，ワークシート〉

【Aと判断するポイント】
・自分や友達の考えをまとめ，思いや意図に沿って音楽の仕組みが明確に生かされた旋律をつくっている。
・まとまりのある旋律になるように，最後の音を意識して，旋律づくりに取り組んでいる。

【Cになりそうな子供への支援】
・一緒に考え，自分の思いを引き出すことができるようにしたり，ペアで話し合ったりする場を設定する。

本題材の魅力と発展

日本の音階での旋律づくりは，平均律でできた西洋の音楽の音階を用いたものよりも，無理なく楽しく取り組むことができます。日本の音階の五つの音はまさに魔法の音階です。この五つの音の流れを耳にしただけでも私たち日本人は何か懐かしさを感じるものがあるでしょう。リズムや終わりの音などを設定しておくと，日本の音階のよさや美しさを感じ取りながら，旋律の上がり下がりを意識して音楽づくりに取り組めます。
使用する楽器に関しては箏を用いました。もちろん鍵盤楽器や木琴などでもかまいません。箏は和楽器を代表する楽器の一つであり，音色そのものが日本の音楽を象徴しているように感じます。調弦をしておけば，順番に弦を弾くだけで，「さくら さくら」などで用いられている日本の音階になります。箏は弦を弾いて容易に音を出すことができるので，日本の音階の特徴を感じ取りながら音楽づくりを進めるうえで効果的な楽器です。

| 中学校 第1学年 | 題材名「音楽のつくりを生かして」 | 4時間 |

題材のねらい

リズム，旋律，ハ長調の特徴，動機をもとにした反復，変化，対照などの構成原理を知覚し，それらの働きによって生み出される特質や雰囲気を感受し，自分なりのイメージをもってそれらの働きを生かし工夫して，簡単な8小節の一部形式の旋律をつくる。

題材の特徴

ハ長調の音階を理解し，リズムカードを活用したり自分でリズムを工夫したりしながら，8小節の旋律をつくる学習です。その際，教師の与えた動機をもとに反復，変化，対照などの構成を活用して，一部形式の旋律になるよう工夫します。

学習指導要領との関連

創作ア
扱う〔共通事項〕に示された内容
リズム，旋律，構成（反復，変化，対照），形式

題材の評価規準

音楽への関心・意欲・態度

関1 音符や拍子，リズム，ハ長調の音階に興味をもち，これらの働きを生かしてリズムづくりや4分音符のみの旋律づくりの学習に主体的に取り組もうとしている。

関2 動機の働きや，動機に続く旋律の特徴について関心をもち，感じ取ったことを生かして反復を用いて動機に続く2小節をつくることや，残り4小節を変化と対照を用いてつくる学習に主体的に取り組もうとしている。

音楽表現の創意工夫

創1 音符や拍子，リズム，ハ長調の音階を知覚し，それらの働きが生み出す特質や雰囲気を感受しながら，リズムづくりや4分音符のみの旋律づくりの表現を工夫し，どのようにリズムや旋律をつくるかについて思いや意図をもっている。

創2 動機の働きや動機に続く旋律の特徴を知覚し，それらの働きが生み出す特質や雰囲気を感受しながら，自分なりのイメージをもち，反復，変化，対照などの構成を用いて一部形式の旋律をつくることに思いや意図をもっている。

音楽表現の技能

技1 音符や拍子，リズム，ハ長調の音階の働きを生かしてリズムづくりや4分音符のみの旋律づくりをするために必要な技能を身に付けて簡単なリズムや旋律をつくっている。

技2 動機の働きや動機に続く旋律の特徴について感じたことを生かしながら，反復，変化，対照などの構成を生かした一部形式の旋律をつくるために必要な技能を身に付けて簡単な旋律をつくっている。

教材・教具等	

学習プリント
毎時間学習プリントに記入しながら学習を進める。

創作の条件を示した紙板書
下に記述してある創作のルールと同じ内容で，毎時間黒板の右上に掲示しておく。

アルト リコーダー
一人一人が音を確かめるために使用する。鍵盤ハーモニカや小さなキーボードでもよい。グループではなく個人で使用できる楽器がよい。

リズムカードのセット

評価規準がBに到達しない生徒への補助として使ったり，なかなか決断できない生徒が使用したりする。4分音符や8分音符，4分休符で2拍になるように複数のカードをつくり，10セット用意しておく。

リズムカードの紙板書
リズムカードを借りに来ることに抵抗を示す生徒もいるので，あらかじめセットと同じ内容のリズムカードを黒板に貼っておく。手元で見たい生徒にはセットを貸し出す。

学習のヒント	

創作のルール（作曲の条件）
・動機を生かしてつくる。
・ハ長調でつくる。
・リズムは4分音符と8分音符，4分休符の三つのみを使って工夫する。
・拍子は4分の4拍子でつくる。
・自分なりのイメージを大切にしてつくる。

創作の進め方
1 | その時間に学ぶ「音楽のつくり（扱う〔共通事項〕）」について，全体で確認したり，気付いたことを交流したりしながら理解する。
2 |「音楽のつくり」を使いながら，自分なりのイメージを生かしてリズムや旋律を工夫する。
3 | つくったものを4人グループで交流し，全体交流の代表を決める。
4 | 代表者の作品を全体で交流する。
5 | 学習を振り返り，学んだことを自分の言葉で記述してまとめる。

指導計画 | 4時間 ‖ねらい‖

つくる【前半①】 第1時
4分音符と8分音符，4分休符を使って自分なりのリズムを工夫する。

●学習内容　▶学習活動　発表の例

― ●リズム遊びをする。
　▶教師のあとに続いて手拍子でリズムを打つ。
　▶教師と同時に手拍子でリズムを打つ。

― ●4分音符や8分音符，4分休符について復習する。
　▶学習プリントにそれぞれの形や長さの割合，リズム読みを記入する。

― ●4分音符と8分音符，4分休符を使ったリズムを4分の4拍子で2小節つくる。
　▶4分の4拍子について復習する。
　▶リズムをつくる。
　▶自分がつくったリズムを手拍子で確認してどんな感じがするか考える。
　▶グループで交流して，互いのリズムについて感じたことを話し合う。

― ●全体で何人かのリズムを聴き合い，学習を振り返り，旋律づくりの意欲をもつ。
　▶全員でリレーしたり，グループの代表を決めて発表したりする。
　▶リズムの感じを言葉で説明する。
　▶学習の振り返りを記述する。
　▶次回は，ハ長調の音階で，4分音符のみの旋律をつくることを知る。

❖教師の働きかけ　T 作品等への価値付けの例

❖4分音符と8分音符，4分休符のみでリズムを示したり，実際に手拍子をしたりすることで，このあとの学習につなげる。

❖さきほどのリズム遊びに使った音符と休符であることに気付くようにする。

❖この時間にはリズムカードによるヒントは出さずに，時間をとってリズムづくりを試行錯誤する。ただし，Cになりそうな生徒には個別にリズムカードで学習するよう支援する。
　　　　　　　　　　　　　関1

T 同じリズムでも，人によって感じ方や言葉での表し方が違います。他人との相違に気付くことは音楽の感じ取り方を深める大切な学習です。逆に多くの人が同じように感じるリズムは，それを使うとあるイメージに近付けられる可能性が高い，とも言えます。　　技1

教室のレイアウト
4～5人でグループになれる座席
　　　　　　黒板　　　　　ピアノ
○○　　　　　　　　　　○○
○○　　　交流しやすい　○○
○○　　　コの字型　　　○○
　○○○○○○○○○○○

学習プリント
やってみよう
自分なりのリズムをつくってみましょう。次の約束に従ってつくりましょう。
①4分の4拍子で2小節ずつつくります。
②今日学習した音符と休符を使ってリズムを工夫しましょう。
③リズム読みも書いてみましょう。
④たたいたり，吹いたりしてみて，自分がつくったリズムはどんな感じがするか考え，メモしましょう。
⑤先生に○をもらったら，自分のリズムを友達に紹介してみましょう。

《学習のまとめ》分かったことや分からなかったこと，難しかったことや楽しかったことを書きましょう。
自分なりのリズムをつくって，見せ合ったときに，友達のいろいろな考え方が分かって楽しかった。

評価規準　〈 〉評価方法　【 】生徒への評価のポイント

関1 音符や拍子，リズム，ハ長調の音階に興味をもち，これらの働きを生かしてリズムづくりや4分音符のみの旋律づくりの学習に主体的に取り組もうとしている。　〈発言内容，学習プリント〉

【Aと判断するポイント】
・条件の中で多くのリズムをつくり，積極的にグループで交流している。
・自分がつくったリズムに対して，思い浮かぶイメージを様々な言葉で表現している。

【Cになりそうな生徒への支援】
・教師がつくったリズムについてどんな感じがするか考え，それを言葉で記述する。

技1 音符や拍子，リズム，ハ長調の音階の働きを生かしてリズムづくりや4分音符のみの旋律づくりをするために必要な技能を身に付けて簡単なリズムや旋律をつくっている。　〈学習プリント〉
　□リズムの組合せの自然さ　□リズム譜の正確さ

【Aと判断するポイント】
・条件の中でより多くのリズムをつくっている。

【Cになりそうな生徒への支援】
・個人用のリズムカードを手元で見ながら，好きなカードを選び，リズムを書き写すように促す。

つくる【前半②】 第2時

ハ長調の音階の特徴を生かして,自分なりの旋律を工夫する。

● 学習内容　▶ 学習活動　発表の例　❖ 教師の働きかけ　T 作品等への価値付けの例

- **● 長音階と短音階の特徴について確認する。**
  - ▶ 音階の始まりの音や音階の並び方を確認し,それぞれの音階でできた曲の感じを聴き比べ,意見を交流する。

- **● 長音階の特徴を生かして,旋律づくりを工夫する。**
  - ▶ 全員が ♩♩♩♩ | ♩♩♩𝄽 | ♩♩♩♩ | ♩♩♩𝄽 ‖ のリズムでハ長調の音階から好きな音を選び,アルトリコーダーで音を確かめながら音のつながり方を工夫する。
  - ▶ 工夫した旋律をグループで交流し,ハ長調の音階の特徴を感じられるか話し合う。
  - ▶ 全体で交流し,学習を振り返る。

❖ 導入は時間をかけず,小学校での学習やこれまでの鑑賞曲(「春」や「魔王」)を思い出しながら,感じたことを意見交流するようにする。

❖ 同じ音だけを連続させたり,少ない音の数でつくったりすると,ハ長調の特徴が表れないことを,実際に教師が示す。(わらべうたなど)
❖ 工夫した旋律について交流する際,自分でうまく演奏できない生徒には,教師が代わりに吹いて示したり,歌ってみてもよいとアドバイスしたりする。　**創1**

学習プリント

「音楽のつくり」　〜音階〜
音階とは,ある規則に基づいて並べられた音の階段です。西洋音楽には長音階と短音階があります。それぞれどんな感じがするか調べてみましょう。

調べてみよう

	長音階と長音階の曲	短音階と短音階の曲
音階の始まりの音	ド	ラ
並び方の規則	ドレミファソラシド	ラシドレミファソラ
音階の感じ	明るい,のぼっていく	暗い,怖い
曲の感じ	明るい,楽しい,幸せ	怖い,おどろおどろしい,悲しい,しっとり

評価規準　〈 〉評価方法　【 】生徒への評価のポイント

創1 音符や拍子,リズム,ハ長調の音階を知覚し,それらの働きが生み出す特質や雰囲気を感受しながら,リズムづくりや4分音符のみの旋律づくりの表現を工夫し,どのようにリズムや旋律をつくるかについて思いや意図をもっている。
〈学習プリント,発言内容〉

【Aと判断するポイント】
・ハ長調の音階の特徴を損なわずに様々な音の組合せ方を試行錯誤し,それが作品に十分反映されている。

【Cになりそうな生徒への支援】
・教師が幾つかの音のつながりを示し,気に入ったものを選ぶ。

つくる【後半①】 第3時

動機の特徴について理解し,つくりたい旋律のイメージをもちながら,動機をもとにした反復や変化の方法で旋律を工夫する。

● 学習内容　▶ 学習活動　発表の例　❖ 教師の働きかけ　T 作品等への価値付けの例

- **●「動機」の特徴について学習する。**
  - ▶ 2小節でできていることが多いことや,動機を聴くと拍子や調,速度などが分かることをベートーヴェンの「交響曲 第5番 第1楽章」を例にして理解する。

❖ 動機の特徴について簡潔に説明する。

- ● **教師が示した「動機」を反復させて旋律を工夫する。**
  - ▶ 教師が示した2小節の動機をベートーヴェンの「交響曲 第5番 第1楽章」を参考にして1音高くするか,低くするかを選んで反復させてみる。

  - ✧ 教師が示した「動機」についてどんな感じがするかを数人が発表し,そのうえで「反復」の方法を選ぶようにする。

- ● **「動機」に続く旋律をどのようなイメージでつくるか,自分の考えをもつ。**
  - ▶ 自分なりにつくる旋律のイメージについて周りと交流する。
  - ▶ 自分なりにつくる旋律のイメージを発表する。

  - Ⓣ 1音高くしてみると旋律の感じはどう変わりますか。(生徒「より明るくなります」)雰囲気が明るくなりますね。低くするとどう変わりますか。(生徒「落ち着いた感じ」)なるほど。同じ反復でもどう反復させるかでイメージが変わりますね。　　　　　　　　　　関2

- ● **変化について学習する。**
  - ▶ 「動機」を変化させる方法について例をもとに確認する。
  - ▶ 変化させることでどのようなよさや特徴が生まれるかを話し合う。

  - ✧ ここでは変化について「もとになるもの=動機」の一部分を変えることと定義し,例を示して簡潔に伝える。
  - Ⓣ ○○さんは,「反復だと音楽にまとまりが生まれ,変化だと音楽に広がりが生まれる」と思ったのですね。みなさんはどうですか。

- ● **自分なりのイメージを生かして「動機」を変化させ,旋律を工夫する。**
  - ▶ 始めに「動機」の2小節目のリズムを変化させる。
  - ▶ 次に,変化させたリズムにハ長調の音階から音を選び,つながりを確かめながら旋律を工夫する。
  - ▶ つくった旋律を交流する。

  - ✧ 自分なりのイメージを生かすように助言する。
  - ✧ 音のつながりを確かめながら,実際にリコーダーで音を出して創意工夫したり,旋律が「続く感じ」になるよう意識したりするように促す。　　　　　　　　　　　　　創2

学習プリント

「音楽のつくり」 〜反復と変化〜
音楽を組み立てていく方法の一つです。同じ旋律を音の高さを変えたり,そのまま用いたりして繰り返し用いることを「反復」,動機やフレーズの一部分を生かし,一部分を変えることを「変化」といいます。

感じ取ってみよう
それぞれの方法の違いとよさや特徴を感じ取ってみましょう。

学習課題
動機の2小節を変化させて自分なりの旋律を工夫しよう。

つくって工夫しよう

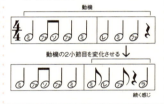

学習の振り返り
分かったことや分からなかったこと,難しかったことや楽しかったことを書きましょう。

今日は,一部分の旋律を変化させ,自分だけの旋律をつくりました。どういうリズムにするか,どういう音にするか,考えるのは大変だったけれど,しっかりとつくれてよかったです。次も,曲を完成させたいです。

評価規準 〈 〉評価方法 【 】生徒への評価のポイント

関2 動機の働きや,動機に続く旋律の特徴について関心をもち,感じ取ったことを生かして反復を用いて動機に続く2小節をつくることや,残り4小節を変化と対照を用いてつくる学習に主体的に取り組もうとしている。　〈行動観察,発言内容〉

【Aと判断するポイント】
・積極的に発言し,内容が的確かつ豊かである。
・集中して試行錯誤を繰り返し,自分のイメージに旋律が近付くように,交流した意見を参考にしながら取り組んでいる。

【Cになりそうな生徒への支援】
・リズムを決めるよう促し,カードを手元に置いて好きなリズムを選ぶとともに,選んだリズムに教師が価値付けして支援する。

創2 動機の働きや動機に続く旋律の特徴を知覚し,それらの働きが生み出す特質や雰囲気を感受しながら,自分なりのイメージをもち,反復,変化,対照などの構成を用いて一部形式の旋律をつくることに思いや意図をもっている。　〈発言内容,学習プリント〉

【Aと判断するポイント】
・自分のイメージを豊富な言葉で具体的に説明している。

【Cになりそうな生徒への支援】
・鑑賞用の言葉カードや友達の言葉から自分のイメージに近いものを選ぶように促す。

第4時 つくる【後半②】

自分のイメージを生かしながら,動機と対照的になるように旋律を工夫する。

●学習内容　○学習活動　発表の例　　　❖教師の働きかけ　T 作品等への価値付けの例　　学習プリント

●対照について学習し,旋律を工夫する。

▶ 動機とは対照的な旋律になること,そのために2小節ともリズムや音のつながり方がともに動機と違うものに工夫することを確認する。
▶ 始めにリズムを工夫する。
▶ つくったリズムで音のつながりを確かめながら工夫し,8小節の旋律をつくる。最後は終わる感じにする。
▶ つくった旋律を交流する。

●つくった作品を発表し,互いに聴き合う。

> Aさんの旋律は,まずリズムのノリがよいと思いました。旋律に躍動感があります。旋律の音の動きも音が跳ぶところがあって変化に富んでいます。だから紹介したいです。

❖ 対照にする方法について簡潔に説明する。前回までの生徒の作品,教師が対照を生かした旋律を付け足して演奏し,旋律づくりの見通しがもてるようにする。
❖ 途中で交流したり,何人かの作品を聴き合ったりして,その内容について助言する。

❖ グループで交流した中から一人代表を選び,作品紹介を言葉で伝える。紹介の演奏は教師が行う。
T 音のつながり方やリズムの変化で音楽の表情,イメージが様々に感じ取れますね。技2

学習プリント

「音楽のつくり」 ～対照～
音楽を組み立てていく方法の一つです。初めに出てきた動機やフレーズとは対照的な音楽にすることを「対照」といいます。この方法を用いることで音楽にどのようなよさや特徴が生まれるかを考えながら,音楽づくりをまとめましょう。

つくって工夫しよう

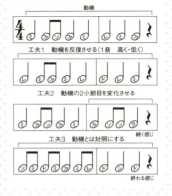

評価規準　〈〉評価方法　【】生徒への評価のポイント

技2 動機の働きや動機に続く旋律の特徴について感じたことを生かしながら,反復,変化,対照などの構成を生かした一部形式の旋律をつくるために必要な技能を身に付けて簡単な旋律をつくっている。　〈学習プリント〉
　□自分なりのイメージとリズムや音のつながりの関連　□創作のルール(p.87)に則ってつくっている

【Aと判断するポイント】
・つくった旋律が創作のルールに則っており,自分なりのイメージを学んだ要素と結び付けて具体的な言葉で説明できている。また,その作品が音楽としてまとまりがあり,工夫が感じられる。

【Cになりそうな生徒への支援】
・第1時でつくったリズムから対照になるリズムを選ぶ。教師が示した音のつながりから気に入ったものを選び,学習プリントに記入する。

本題材の魅力と発展

小学校の音楽づくりでは,5音の音階や和音の構成音を使ってつくることが中心でしたが,中学校では,音階の特徴を理解して旋律をつくっていきます。ハ長調の構造を理解することは,他の長音階に応用できます。また,動機をもとに音楽をつくることによって,反復,変化,対照などの音楽の構成原理を学ぶことができます。こうした構成原理を活用すれば,一部形式の旋律をつくりやすいだけでなく,その経験を生かし,歌唱や器楽の楽曲がどんな構成原理でつくられているかを理解して表現を工夫する根拠をもつことにもつながるのです。

見通しをもった授業で学びを深める②
― 音楽づくり・創作と他の領域・分野を関連付けて題材を構成する ―

音楽づくり・創作と他の領域・分野を関連付ける意義

　第2章の前半では，音楽を形づくっている要素を知覚・感受することをもとにして音楽づくり・創作を進めるよさを，
　　①何をどのようにしてつくればよいかが分かり，音楽の学びが明確になる。
　　②どのような音楽をつくるかについて，思いや意図，見通しをもつことができる。
　　③限られた時間数で行うことができる。
として述べました。後半では，「他の領域・分野につながり広がる」ことをねらって一つの題材で展開する事例の意義を考えます。

1 音楽を形づくっている要素を知覚・感受することを核にして学習を展開できる

　音楽を形づくっている要素の知覚・感受を核にして展開する題材構成として，次の構成が考えられます。
ア　音楽づくり・創作（以下，音楽づくりと示す）と表現の他分野（歌唱または器楽）とを関連付ける題材
イ　音楽づくりと鑑賞とを関連付ける題材
ウ　音楽づくりと表現の他分野（歌唱または器楽）並びに鑑賞とを関連付ける題材

ア 歌唱や器楽と関連付ける意義	表現の領域内での関連付なので，音楽を形づくっている要素の知覚・感受をもとに，歌ったり演奏したりつくったりして感じ取って様々な表現を楽しみながら学ぶことができるだけでなく，つくった音楽を歌唱や器楽の表現に生かすことができます。
イ 鑑賞と関連付ける意義	音楽づくりによって自ら音楽をつくる行為が鑑賞の能力を大きく育てます。音楽づくりのきっかけとなる鑑賞もあれば，音楽づくりのまとめになるような鑑賞の仕方もあります。いずれにしても，それぞれがどちらかに従属するのではなく，関連付けることでより豊かな音楽づくりになり鑑賞の活動になることが重要です。
ウ 歌唱・器楽，鑑賞と関連付ける意義	アとイを包括した題材と言え，大きな題材となり時間数もかかりますが，音楽を形づくっている要素の知覚・感受が核になっているので，音楽の学びを明確にして学習を進めることができます。また，音楽づくりを年間指導計画に位置付けやすいという利点もあります。

2 それぞれの分野や領域の学習を充実させることができる

　上記の題材構成をより細分化すると，歌唱では何を学び，鑑賞ではそれを聴いて確かなものにし，音楽づくり・創作で生かすなど，子供の学習過程を踏まえながら，指導計画を作成することができます。
ア　音楽づくり・創作と表現の他分野（歌唱または器楽）とを関連付ける題材　では，
　ア—①　　歌唱（器楽）→音楽づくり
　ア—②　　音楽づくり→歌唱（器楽）

ア-③　歌唱(器楽)→音楽づくり→歌唱(器楽)+音楽づくり

ア-④　音楽づくり→歌唱(器楽)→歌唱(器楽)+音楽づくり

などが考えられますし，歌唱と器楽の両方を音楽づくりと関連付けることもあります。

イ　音楽づくり・創作と鑑賞とを関連付ける題材　では，

イ-①　鑑賞→音楽づくり

イ-②　音楽づくり→鑑賞

イ-③　鑑賞→音楽づくり→鑑賞

イ-④　音楽づくり→鑑賞→音楽づくり(→鑑賞)

などが考えられます。

ウ　音楽づくり・創作と表現の他分野(歌唱または器楽)並びに鑑賞とを関連付ける題材　では，

ウ-①　歌唱(器楽)→鑑賞→音楽づくり

ウ-②　音楽づくり→鑑賞→歌唱(器楽)

ウ-③　鑑賞→音楽づくり→歌唱(器楽)

ウ-④　歌唱(器楽)→音楽づくり→鑑賞→歌唱(器楽)+音楽づくり

ウ-⑤　歌唱(器楽)→鑑賞→音楽づくり→鑑賞

ウ-⑥　鑑賞→音楽づくり→鑑賞→歌唱(器楽)

などがあります。領域・分野が多岐にわたるので，その構成も複雑になり，工夫のしどころになると思います。

それぞれの領域・分野の学習において，学習内容が身に付くように展開する。

＋

関連付けたことにより，効果的に学習が行われるように授業を組み立てる。

歌唱や器楽，鑑賞と関連付けた題材を展開するに当たって

1 学びを確かなものにするために

　紙面の構成は，前半の**音楽を形づくっている要素をもとにした題材**とほぼ同じです。異なるのは，他の領域の評価規準が示されている点です。本書冒頭の「音楽づくり・創作で育つ教師と子供たち」のp.9でも述べたように，「音楽づくりの学習が鑑賞の能力を大きく育てる」ことを踏まえて，**鑑賞と関連付けた題材**を示しているため，鑑賞の評価規準を示しています。

　他の領域・分野と関連付ける題材では，繰り返しになりますが，子供の学びを確かにするためにも，教師も子供も何を中核にして学習を進めていくのかを見失わないようにしたいものです。

　そのためにも，教室内の掲示やワークシート，ビデオ撮影などを工夫し，音楽を**可視化**したり**記録**したりすること，子供の思いや意図をメモしておくことなどが大切です。それは，友達のつくった音楽のよさや思いを共有するためにも重要な役割を果たします。

　また，クラスで定めた音楽の約束事やルールから子供の作品が逸脱したとき，それがより音楽を高めていくものであるのか，みんなの納得のいくものであるのかを，子供とともに考え，新しいルールを生み出していくといった柔軟性も必要です。さらに，そのよさをどう価値付けし評価するのか，子供のつくった音楽に耳を傾け，共感し，子供と一緒によりよい音楽にしようとする教師の姿勢こそ，子供の発想を豊かにする原点と言えるでしょう。

音楽を可視化したり記録したりすると，友達の作品のよさや思いを共有できます。

小学校 第2学年 題材名「だがっきの音色を生かして音楽をつくろう」 5時間

題材のねらい

○いろいろな打楽器の音色の違いを感じ取り，楽器に合ったリズムを選択し演奏の仕方を工夫して音楽をつくる。
○いろいろな楽器の音色の特徴を感じ取りながら音楽を聴く。

学習指導要領との関連

音楽づくり ア・イ
鑑賞 イ
扱う〔共通事項〕に示された内容
音色，リズム，強弱，拍の流れ，
反復，問いと答え

題材の特徴

音楽室にある楽器を使い，音色の特徴を感じ取り，響きの長さの違いを生かして音楽をつくる学習です。グループごとに木製，金属製，皮の張ってある打楽器といった異なる素材の楽器を配置することで，互いの音色の違いを聴き合いやすくし，楽しみながら打楽器の音色を味わうことができます。
　一つの楽器から多くの音を出すために，奏法や強さを工夫し，自分が出す音をしっかり聴くことができるようになります。また，友達と問いと答えを行ったり，音を重ねる活動を通し，心地よい響きを探求したりして，相手の出す音に関心をもちます。
　これらの活動を通して，楽器を大切にする心，一音一音にこだわって演奏しようとする態度が身に付きます。

題材の評価規準

音楽への関心・意欲・態度

関1 打楽器の音色に興味・関心をもち，響きの長さの違いを感じ取りながら音色に気を付けて音を探す学習に進んで取り組もうとしている。

音楽表現の技能

技1 グループの音の重ね方を考え，自分の楽器の音色を生かしたまとまりのある音楽をつくっている。

音楽表現の創意工夫

創1 楽器の音色の特徴を生かして，8拍のまとまりが感じられるリズムになるように組合せを工夫している。

創2 楽器の音色やリズムを聴き取り，それらの組合せによって生まれる面白さを感じ取り，演奏の順番や組合せをいろいろ試して，どのような音楽にするかについて自分の考えや願いをもっている。

鑑賞の能力

鑑1 音色や響きの長さ，リズム，強弱を聴き取り，音楽が問いと答えや反復でできていることに気が付き，それらの働きが生み出すよさや面白さを感じ取りながら音楽を聴いている。

| 教材・教具等 |

人数分の打楽器
一つのグループにトライアングル，ウッドブロック，シンバル，ジェンベ，スリットドラムと
いった，自分と友達の楽器の音色の違いが明確に分かる異なる種類の楽器を準備する。
楽器を選ぶ際には，子供たちがリズムをコントロールしやすい楽器を選択するとよい。
楽器の数に限りがある場合，ほかの楽器を代用することができる。ただし，グループごとに
与える楽器をなるべく同じにすると発表時に同じ楽器の子供に対して注目して演奏を聴くこと
ができる。そのことにより自分では気が付かなかった演奏の方法を学び合うことができる。

リズムカード
前題材「拍子を感じてリズムを打とう」のカードを利用する。

自分の楽器に合ったリズムを組み合わせる。

鑑賞教材
『だがっき パーティー』長谷部匡俊 作曲
ウッドブロック，トライアングル，クラベス，カスタネット，小太鼓，すず，タンブリンによる
打楽器アンサンブル。打楽器が順番に登場し，一つ一つの音色が聴き取りやすく，
楽器の演奏の仕方を思い浮かべながら鑑賞することができる。

| 学習のヒント |

音楽づくりのルール１
【一人でつくる】
・じっくり自分の楽器と向き合ってどんな音が出るのか，強さや奏法を試す。
　→とっておきの音を見付ける。
・自分の楽器の響きの長さを生かせるカードをじっくり選んで試しながらつくる。
・8拍分のリズムをつくる。
・同じカードを繰り返し使ってまとまりを感じられるリズムをつくる。
・できたリズムから音色や強弱を考え，演奏の方法を工夫する。

音楽づくりのルール２
【グループでつくる】
・とっておきの音を鳴らせる拍節的でない部分から始まる。→Aの部分とする
・それぞれがつくったリズムの重ね方を考えて演奏する。→Bの部分とする。
・Aの部分に戻って演奏をして終わる。

音楽づくりの進め方
1｜一人一人に楽器を割り振る。担当した楽器から強弱や演奏方法を工夫し，
　　いろいろな音を発見する。響きを長くのばしたり，細かくたたいたり，拍にとらわれずに表現する。
2｜一人一人が響きの長さを確認し，それを生かした8拍のリズムをつくり記譜する。
3｜グループで拍にとらわれないで音を重ねたり，音をつないだりする部分をつくる。
4｜それぞれつくったリズムをグループでどのように演奏するのかを考える。
5｜拍節的でない部分と拍節的な部分をつないで音色を生かした一つの音楽にする。

指導計画｜5時間　‖ねらい‖

第1時　試す,つくる
自分の楽器から様々な音色を出すために演奏の方法を工夫し，気に入った音を友達とつなげたり，重ねたりして音楽にする。

●学習内容　▶学習活動　発表の例　　❖教師の働きかけ　Ⓣ作品等への価値付けの例

● 一つの楽器から様々な音色を見付け，拍節的でない音楽をつくる。

▶ できるだけ短い音を使い，クラス全員で1音ずつリレーをする。
▶ できるだけ長い音を使ってクラス全員で，音が消えたら次の人が音を出すリレーをする。
▶ 一つの楽器から数種類の音色を見付ける。
▶ 見付けた音をグループで紹介する。
▶ グループで音をつなげたり，重ねたりしながら拍節的でない音楽をつくる。
〈重ね方の例〉
・音がなくなったら次の人が鳴らす
・だんだん重なる音が増えていく
・一人とみんな
・一人の音に順番に応えていく

❖ 打つ場所や，強さを考えるように助言する。
❖ よい音色や印象的な音を取り上げ，どのように演奏したのかクラスで共有する。
❖ 打つ場所や打つものを変え，様々な音色を見付けるように助言する。
❖ 重ね方の例を掲示しておき，選べるようにしておく。
Ⓣ 響きを味わうために，前の人の音が鳴り終わるまでよく聴いてから次の人が音を鳴らしていました。グループで同じ強さになるように打つ強さを考えていましたね。　関1

教室のレイアウト1
楽器によって椅子に座って演奏したり，立って演奏したりできるように十分なスペースをとる。

練習時は外を向いて集中する。

評価規準　〈　〉評価方法　【　】子供への評価のポイント

関1 打楽器の音色に興味・関心をもち，響きの長さの違いを感じ取りながら音色に気を付けて音を探す学習に進んで取り組もうとしている。
〈表情観察，発言内容〉

【Aと判断するポイント】
・音色の特徴をつかんで言葉で表したり，自分の好きな音色を見付けようと打つ場所やもの，打ち方を変えたりしながら出る音の違いを楽しんでいる。
・友達の音と自分の音を重ねたり，音で会話したり，楽しんで活動している。

【Cになりそうな子供への支援】
・打つ場所を変えたり，打つ強さを変えたりして一つの楽器から2種類の音色の違う音を出せるように一緒に試す。

第2時　つくる
楽器の音色の違いを感じ取り，リズムを選択し演奏の方法を工夫して自分のリズムをつくる。

●学習内容　▶学習活動　発表の例　　❖教師の働きかけ　Ⓣ作品等への価値付けの例

● 自分の楽器の響きの長さの特徴を生かして8拍のリズムをつくる。

▶ 繰り返し使うカードを楽器の音色や響きの長さから選択する。

❖ 2分音符が生かせる楽器なのか，8分音符を多く使っても歯切れよく演奏できるのかを響きの長さの違いから選べるように助言する。

音楽づくりに関わる掲示
リズムのルール
☆くりかえしをつかう。→同じリズムを2回つかう。
☆音色のとくちょうを生かせるカードをつかう。
☆長い音とみじかい音でがっきのえんそうのしかたをかえる。
☆はくのながれをかんじとってえんそうできるようにする。

- ▶ 音を出し，確かめながらリズムをつくる。

- ▶ できたリズムをワークシートに書き込む。
- ▶ 長い音や短い音で楽器の演奏の仕方を試しながら，どのようにリズムを打つのか考える。
- ▶ 音色に気を付けて拍に合わせて演奏する。

❖ 同じカードを使う部分によってまとまりの感じ方が変わることを伝える。

❖ 2分音符と8分音符で音色が変わる演奏方法になるように助言する。

Ⓣ 高くて短い音を出すために，太鼓の皮のはじをたたいていました。手で打ったり，マレットを使って打ったりして違う音色で演奏していました。ハイハットシンバルはのびる音と細かい音でペダルやマレットを変えていましたね。長い音を意識できていますね。　創1

くふうのれい
トライアングルの場合
長い音　手を開いて音をひびかせる。
みじかい音　手をとじて音のひびきをとめる。

個人のワークシート

わたしの楽器は ハイハットシンバル です。
A．はくがないところでつかう，とっておきの音の鳴らし方
ペダルをふまないで長い音をやわらかいマレットでうつ。音が鳴っている間に，小だいこのばちで弱くうちます。うつものによって音がかわります。
B．はくがあるところ
♩ のカードを2回つかってリズムをつくります。
♩　♫　♩　𝄽
ペダルを／ペダルを／ペダルを／ペダルを
はなす　ふんで　はなす　ふんで

評価規準　〈〉評価方法　【】子供への評価のポイント

創1　楽器の音色の特徴を生かして，8拍のまとまりが感じられるリズムになるように組合せを工夫している。　〈演奏観察，ワークシート〉

【Aと判断するポイント】
・楽器の特徴を生かし，のびる音や細かい音を使い分けて，まとまりを感じる8拍のリズムを表現している。
・2分音符と8分音符を使い分けて，響きの違いを生かして表現している。
・同じカードをどこに使用するか音で試しながら，まとまりが感じられるリズムをつくろうとしている。
・リズムに合った音色を考え，楽器の演奏の仕方を工夫している。

【Cになりそうな子供への支援】
・同じ楽器の友達の表現を模倣したり，教師が例示したりしてつくるように助言する。
・どのカードを2回使うとよいのか試しながら一緒に考える。

つくる，高める　第3時

それぞれがつくったリズムを組み合わせながら，強弱や音の重なり方を工夫して打楽器の音楽をつくる。

● 学習内容　▶ 学習活動　発表の例

❖ 教師の働きかけ　Ⓣ 作品等への価値付けの例

グループのワークシート

●自分のリズムを友達のリズムとつなげたり，重ねたりする。

- ▶ グループに自分のリズムを紹介する。
- ▶ 順番を考えてリレーをする。

- ▶ 組合せを考えてリズムを重ねる。
  〈工夫の例〉
  ・だんだん増やす
  ・一人とみんな
  ・リレー

❖ どのような順番で演奏するのか，音の高さの順や楽器の素材ごと，それぞれが使った音符の特徴などから考えられるようにする。
❖ 工夫の例を掲示する。
Ⓣ 低い音からだんだん重ねていくと，だんだんと明るくなっていく感じがしますね。
のびる音が多い人から重ねていくとのびているきれいな音をよく聴くことができますね。　創2

1ぱん　トライアングル，ウッドブロック，クラベス，ジェンベ，スリットドラム

A はくがないところ	B はくがあるところ
トライアングル／ウッドブロック／トライアングル／ジェンベ／クラベス／スリットドラム	トライアングル／ジェンベ／ウッドブロック／クラベス／スリットドラム

スリットドラムがずっと鳴りつづける。トライアングルと，ほかのがっきがお話をする。

だんだんきえるリズムが細かいじゅん

AとBは間をあけてスリットドラムがはじまるのを合図にする。

評価規準　〈 〉評価方法　【 】子供への評価のポイント

創2 楽器の音色やリズムを聴き取り，それらの組合せによって生まれる面白さを感じ取り，演奏の順番や組合せをいろいろ試して，どのような音楽にするかについて自分の考えや願いをもっている。　〈表現観察，発言内容，ワークシート〉

【Aと判断するポイント】
・それぞれの楽器の音の高さや強弱，リズムの選び方から重ね方を考え，発言している。
・グループのそれぞれの音色を考えながら重ね方を考え，発言している。

【Cになりそうな子供への支援】
・どの組合せがいちばんよいのか答えるように助言する。

聴き合う，共有する　第4時
音楽を工夫しながら拍節的でない部分と，拍節的な部分とをつなげて演奏し，発表する。

● 学習内容　▶ 学習活動　発表の例
✧ 教師の働きかけ　T 作品等への価値付けの例

- ● **第1時でつくった拍節的でない部分と第3時でつくった拍節的な部分をつなげて演奏する。**
  - ▶ きれいな音色で演奏しているかを確認する。
  - ▶ 二つの箇所をどのようにつなげるのか決める。
  - ▶ つなげて演奏する練習をする。

  ✧ 間をあけて演奏するのか，すぐに始めるのかどちらがよいのか両方試すようにする。
  ✧ なぜ，間があった方がよいのか，すぐ鳴らすのがよいのか楽器の音色や響きの長さを理由に考えるようにする。
  間がある→金属の楽器の残響を楽しみたい。
  すぐに→木の楽器で終わるのでそのまま拍の流れを感じ取りたい。

  教室のレイアウト2

  練習をするときは外を向いて集中，発表時には内側を向くと演奏の仕方を確認できる。

- ● **音色を工夫した打楽器の音楽を表現し，聴き合う。**
  - ▶ 「聴きどころ」を述べて発表する。

  > 私たちは，AとBの間をあけてから始めます。理由はAの終わりのトライアングルの長い音をきれいに響かせたかったからです。
  > リズムを重ねるときにはのびる音を多く使った人からだんだん増えていきます。理由は長くのびる音を弱くたたくところを聴いてもらいたいからです。

  ▶ 自分のグループとの違いや気付いたこと，感じたこと，気に入った音色を発言する。

  T 拍がないところでは最後の音のトライアングルの音を止めずに響きが聞こえなくなるまでよく聴いていましたね。

  T のびる音の楽器を目立たせたい思いが伝わりましたね。弱い音で長い音の楽器，そして，細かいリズムの楽器へと順番に重ねることで音楽がだんだんとにぎやかになりましたね。　**技1**

評価規準　〈 〉評価方法　【 】子供への評価のポイント

技1 グループの音の重ね方を考え，自分の楽器の音色を生かしたまとまりのある音楽をつくっている。
〈演奏聴取，発言内容，ワークシート〉
□ 友達の音の強さとの関わりによる自分の音の出し方
□ ワークシートと演奏の一致　□ 音の重ね方，響きのよさ

【Aと判断するポイント】
・友達の音や自分のリズムから奏法や強さを考えて，拍節的な部分と拍節的でない部分をどのようにつなげればよいのかを考えて演奏している。
・グループの音楽の工夫した点や，そのよさについて発言している。

【Cになりそうな子供への支援】
・どこで音を鳴らすのかワークシートを指で指示しながら確認する。Aさんの強さはどうだったか確認し，それに対してどのように音で答えるのかを確認する。

鑑賞する，振り返る 第5時

「だがっき パーティー」を聴き，打楽器の音色のよさや面白さを味わい，リズムの重なりや反復に気付き，自分たちの作品を振り返る。

● 学習内容　▶ 学習活動　発表の例　❖ 教師の働きかけ　T 作品等への価値付けの例

● 打楽器の音色に気を付けて音楽を聴く。
▶ 使われていた楽器や音色について気付いたことを発表する。

❖ どのような演奏の仕方をしているのか考えながら聴くように助言する。

● 打楽器の音色に気を付けて聴き，その面白さを感じ取って聴く。
▶ どんな順番や重なり方をしていたのかに気を付けて聴く。
▶ 聴いて感じたことや気付いたことと結び付けて，自分たちの作品を振り返る。

❖ 音楽に合わせて楽器を演奏するまねをして，どんな方法で演奏していたのかを確かめる。

評価規準　〈 〉評価方法　【 】子供への評価のポイント

鑑1 音色や響きの長さ，リズム，強弱を聴き取り，音楽が問いと答えや反復でできていることに気が付き，それらの働きが生み出すよさや面白さを感じ取りながら音楽を聴いている。　〈模擬演奏，発言内容〉

【Aと判断するポイント】
・音色や響きの長さなどの特徴や反復，問いと答えの仕方をはっきりととらえ，音楽のよさや面白さについて発言したり，楽器の模擬演奏をしたりしている。

【Cになりそうな子供への支援】
・音色や響きの長さなどの特徴や反復などを確認しながら，子供と一緒に楽器の模擬演奏をしたり，友達の模擬演奏のまねをしたりするように補助する。

本題材の魅力と発展

子供たちは一つの楽器に向き合い，試行錯誤しながら様々な音色を研究します。
グループでいろいろな楽器を使うので，友達が担当している楽器にも興味が向き，互いに助言し合う姿も見られます。
相手の音に対して自分がどのような音で答えるのか，音によるコミュニケーションです。
自分の音を大事に思うことで，友達がどのような思いで音を出しているのか考え，聴こうとする心を育成できます。
2年生であっても拍節的でないAの部分，拍節的なBの部分といった構成を意識して音楽づくりができます。
もちろんAの部分だけを深めることで音色をさらに追求する活動や，
Bの部分だけ取り上げることでほかのリズムカードも用いて，さらにリズムに主眼を置く活動を行うこともできます。

| 小学校
第4学年 | 題材名「打楽器の音楽をつくろう」 | 4時間 |

題材のねらい

○ 図形を手掛かりとし，打楽器の音の特徴や音色から発想を得て，音楽の仕組みを生かしたまとまりのある音楽をつくる。
○ 打楽器の音の特徴や音色，反復や問いと答えなどの音楽の仕組みを感じ取ったり，楽曲の特徴や演奏のよさに気付いて聴いたりする。

学習指導要領との関連

音楽づくり ア・イ
鑑賞 ウ
扱う〔共通事項〕に示された内容
音色，強弱，音の重なり，
反復，問いと答え，変化

題材の特徴

　本題材は，図形を手掛かりとして，打楽器の音の特徴や音色を生かした表現を工夫したり，音楽の仕組みを生かしてグループの音楽をつくったりする学習です。
　まず，図形を見て声や打楽器の音で表す活動を行い，音の特徴や音色，強弱を生かして表現することに興味をもちます。次に二人一組で4種類の図形カードを並べて，即興的に音の出し方やつなぎ方を工夫し，音を音楽にする発想をもつようにします。さらに三人グループで音の重ね方，反復や変化などの音楽の仕組みを生かし，始め—中—終わりの構成を意識してまとまりのある音楽をつくります。また，打楽器アンサンブルの音楽を聴き，音の特徴と音楽の仕組みを生かした演奏のよさや面白さを味わいます。

題材の評価規準

音楽への関心・意欲・態度

関1 図形を手掛かりとし，打楽器の音の特徴や音色から発想を得て，即興的に表現する学習に進んで取り組もうとしている。

音楽表現の技能

技1 音の重ね方や，反復，問いと答え，変化などの音楽の仕組みを生かして，まとまりのある音楽をつくっている。

音楽表現の創意工夫

創1 打楽器の音の特徴や音色を聴き取り，音の響きのよさを感じ取りながら，楽器の組合せや音の出し方を工夫している。

創2 強弱や音の重なり，反復や問いと答え，変化を聴き取り，それらの働きが生み出すよさや面白さを感じ取りながら，どのように音楽を構成するかについて自分の思いや意図をもっている。

鑑賞の能力

鑑1 打楽器の音色や音の重なり，反復や問いと答え，変化を聴き取り，それらの関わり合いから感じ取ったことを言葉で表すなどして，楽曲の特徴や演奏のよさに気付いて聴いている。

| 教材・教具等 | |

図形カード

4cm×8cmぐらいの大きさの図形カード。ホワイトボード上でグループの音楽を構成する場合は半分ぐらいの大きさにして，裏に磁石を付ける。

グループの構成図用のホワイトボード

グループに1つ，30cm×45cm程度の大きさのホワイトボードを用意する。
または，方眼模造紙を半分に切った台紙を1枚用意し，その上に図形カードを並べて貼るようにする。はがせるノリを活用するとよい。

打楽器

楽器の音の特徴を感じ取りやすく子供が扱いやすい，様々な種類の小物打楽器。
例：トライアングル，すず，カスタネット，ウッドブロック，クラベス，ギロ，マラカス，タンブリン，
　　ボンゴ，ハンドドラムなど。

鑑賞教材

「ズールー　ウエルカム　ー南アフリカの印象」ジークフリート　フィンク　作曲（4分16秒）
アフリカのズールー族に伝わるリズムを，木や皮，金属の打楽器で演奏しているアンサンブル曲。
打楽器による様々な応答を感じ取りやすい。
CD『岡田知之とパーカッション・アンサンブルⅡ』ALCD-7037より

| 学習のヒント | |

音楽づくりのルール1
【二人でつくる（試す）】
・図形カードを4枚（丸2枚，三角2枚）並べて，音の出し方や音のつなぎ方のアイディアを出す。
・使う楽器はすずとカスタネット。
・図形に合う音の出し方や強弱などを工夫して表現する。

音楽づくりのルール2
【グループ（三人）でつくる】
・始めの部分─中の部分─終わりの部分で構成した音楽をつくる。
・始めの部分と終わりの部分は1枚のカードを選び，全員で演奏する。
・中の部分はカードを自由に組み合わせて，音の重ね方，反復や問いと答え，
　変化などを生かした音楽をつくる。一人4枚までカードを使ってよい。

音楽づくりの進め方
1｜図形を見て，それに合う音を声や楽器で即興的に表現する。
2｜二人一組で4枚の図形カードを並べて，打楽器の音の出し方や音のつなぎ方，
　　強弱などを工夫して表現する。
3｜三人のグループで図形カードを手掛かりとして，打楽器の音の組合せや音の重ね方，
　　反復や問いと答え，変化などを生かしたまとまりのある音楽をつくる。

指導計画｜4時間　‖ねらい‖

試す　第1時

図形を手掛かりとし，打楽器の音の特徴や音色から発想を得て，即興的に表現する学習に興味・関心をもつ。

●学習内容　▶学習活動　発表の例

❖教師の働きかけ　T作品等への価値付けの例

― ●図形を手掛かりとして，打楽器の音の特徴や音色から発想を得て，即興的に表現する。

▶いろいろな図形を見て，その形に合う音はどんな音か意見を出し合い，「あ」などの声で表してみる。

▶幾つかの打楽器で図形に合う音の出し方を試してみる。

❖数枚の図形カード（絵）を提示し，それに合う音色や強弱などを工夫して，声で試すようにする。

❖スタンドシンバルやトライアングルなど，演奏の仕方で音に変化を付けやすい楽器を使う。

教室のレイアウト

グループに1本，ホワイトボードを置く譜面台を配置する。

楽器コーナー（素材ごとに並べて置く。）
※右ページ参照

― ●図形カードを手掛かりとして，音の出し方やつなぎ方を工夫する。

▶二人一組で㋐～㋓の4枚の図形カードを並べて，すずとカスタネットの音で即興的に表現する。
〈工夫の例〉
・●の大きさで強さや打つ場所を変えよう。
・㋐と㋑のカードはカスタネット，㋒と㋓のカードはすずで演奏しよう。

❖机間巡視をしながら，強弱だけでなく，音色や音の出し方，速度や間などを工夫した発想のよさを認める。

▶工夫した表現を聴き合う。

❖図形に合う音の出し方や音のつなぎ方のよさに気を付けて聴くようにする。　関1

評価規準　〈 〉評価方法　【 】子供への評価のポイント

関1　図形を手掛かりとし，打楽器の音の特徴や音色から発想を得て，即興的に表現する学習に進んで取り組もうとしている。
〈発言内容，表情観察，行動観察，演奏聴取〉

【Aと判断するポイント】
・図形に合い，打楽器の音の特徴や音色を生かした音の出し方をいろいろと試し，よりよい表現を見付けようとしている。
・打楽器の音色の効果を考えたカードの並べ方について，積極的に意見を出し，友達と協力して工夫している。

【Cになりそうな子供への支援】
・教師がそばに行き，図形に合う音の出し方の例を示す。
・一緒に組んでいる友達の意見を取り入れながらつくるように促す。

第2時 選ぶ，つくる

打楽器の音の特徴や音色を生かした音の組合せを考えたり，音楽づくりのルールを知り，どのように音楽をつくるか見通しをもったりする。

● 学習内容　▶ 学習活動　発表の例　❖ 教師の働きかけ　創 作品等への価値付けの例

● 打楽器の音の特徴や音色，音の組合せを考えてグループの音楽に使う楽器を選ぶ。

▶ 三人グループになり，打楽器の音の組合せを考えて，使う楽器を選ぶ。

❖ 学級の人数により，三〜四人のグループを編成する。
❖ 楽器の音の特徴や音色を考えて楽器を選べるように，木，金属，皮など材質ごとに並べた楽器コーナーを設ける。
❖ 音を試しながら選ぶように助言する。

素材ごとの楽器コーナー ※堅さや太さの異なるばちを用意して，選べるようにする。

木の仲間

金属の仲間

皮の仲間

すずやマラカスの仲間

● 音楽づくりのルールを知り，どのように音楽をつくるか見通しをもつ。

▶ 音楽づくりのルールを知る。
▶ 始めの部分のカードを選び，三人で合わせて演奏する。

❖ 板書で音楽づくりのルールを示し，これからの活動への見通しをもつようにする。
❖ 合わせて演奏するときは，音のバランスに気を付けるように助言する。　創1

音楽づくりに関わる掲示1

音楽づくりのルール［グループで］
① 楽器の音の組合せを考えて，担当楽器を決める。
② 始めの部分と終わりの部分は，みんなで演奏するカードを1枚選ぶ。
③ 音の重ね方を工夫して，中の部分をつくる。
（中の部分で使うカードは一人4枚まで）

※始めと終わりは，1枚のカードをみんなで演奏する。

評価規準　〈 〉評価方法　【 】子供への評価のポイント

創1 打楽器の音の特徴や音色を聴き取り，音の響きのよさを感じ取りながら，楽器の組合せや音の出し方を工夫している。
〈発言内容，行動観察，演奏聴取〉

【Aと判断するポイント】
・グループの楽器の組合せがまとまりのよいものになるように，または，それぞれの音の特徴が生きる組合せになるように発言している。
・選んだ楽器の音の特徴や音色を生かした音の出し方をいろいろと工夫して，友達と合わせながら表現している。

【Cになりそうな子供への支援】
・どんな楽器を使いたいか相談にのったり，同じグループの友達に楽器選びのアイディアを出してもらったりする。

| つくる, 高める 第3時 | 打楽器の音の特徴や音色, 強弱, 音の重ね方, 反復や変化を生かして, まとまりのある音楽をつくる。 |

●学習内容 ▶学習活動 発表の例　　✧教師の働きかけ T 作品等への価値付けの例

● **音の重ね方, 反復や変化などを生かして, グループの音楽をつくる。**

▶ ホワイトボードに図形カードを並べながら, 音の重ね方, 反復や変化などを生かし, グループの音楽をつくる。
〈工夫の例〉
・「追い掛けるように鳴らしてみよう。」

・「だんだん盛り上がるように, 終わりの方で のカードを使おう。」

▶ 幾つかのグループの発表を聴き, 友達の構成の工夫に気付く。

▶ それぞれの音が生き, まとまりのある構成になるように, さらに工夫する。

✧ 導入で「ズールー ウエルカム」の始めの部分を聴いたり, 教師が提示するリズムを模倣したりすることで, 反復や問いと答えの効果を体験できるようにする。
✧ 重ね方のヒントを提示し, 図形カードを使って音楽の仕組みを生かした構成を工夫することに興味をもつようにする。
✧ カードを並べたら, 実際に音を出して試すように助言する。

T それぞれの楽器の音を鳴らす部分とみんなで同時に鳴らす部分の両方があって, 変化が感じられます。
後半に向かってだんだん重なりを強くしていくことで, 迫力が出ましたね。
✧ それぞれの楽器の音を生かした表現になっているか, よく聴き合うように助言する。　創2 技1

グループ活動のホワイトボード

音楽づくりに関わる掲示2
重ね方のヒント
どんな重ね方があるかな?

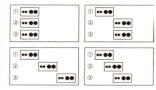

電子黒板やプロジェクターで1枚ずつ提示し, ほかにどんな重ね方があるか, 子供からアイディアを引き出すようにする。

評価規準　〈 〉評価方法　【 】子供への評価のポイント

創2 強弱や音の重なり, 反復や問いと答え, 変化を聴き取り, それらの働きが生み出すよさや面白さを感じ取りながら, どのように音楽を構成するかについて自分の思いや意図をもっている。　〈発言内容, 演奏聴取, グループの構成図〉

【Aと判断するポイント】
・それぞれの楽器の音を生かし, 全体のまとまりを考えた重ね方の工夫について発言している。

【Cになりそうな子供への支援】
・友達の考えに賛成か尋ね, 一緒に試しながら工夫するように助言する。

技1 音の重ね方や, 反復, 問いと答え, 変化などの音楽の仕組みを生かして, まとまりのある音楽をつくっている。
〈演奏聴取, グループの構成図〉
□楽器の音の特徴を生かした表現　□構成図に沿ったタイミングのよい演奏

【Aと判断するポイント】
・構成図に沿って, 楽器の音の特徴, 強弱や間などを生かし, タイミングよく演奏している。

【Cになりそうな子供への支援】
・グループの工夫とその子供が担当する部分について構成図を見ながら確認し, 友達の音を聴きながら表現するように促す。

聴き合う, 共有する 第4時	グループの音楽を聴き合ったり, 打楽器アンサンブルの音楽を聴いたりして, 音色や音の重なり, 反復や問いと答えなどを生かした表現のよさや面白さを味わう。

● 学習内容　▶ 学習活動　発表の例　❖教師の働きかけ　Ⓣ 作品等への価値付けの例

● グループの音楽を聴き合い, 互いの表現のよさを共有し合う。

▶ 前時を振り返り, グループの音楽をつくり上げる。
▶ 自分たちが工夫した点を述べて, グループの音楽を発表し合う。

> 私たちは, それぞれの楽器の音がよく分かるように ●● ●● でリレーするようにしています。

❖ 通して演奏できるようになったら, 強弱や間などの表現も工夫するように助言する。
Ⓣ 始めと終わりの部分を同じカードにしたことで, 全体にまとまりができました。中の部分の金属の楽器と木の楽器の会話も生き生きしていましたね。

● 音色や音の重なり, 反復や問いと答えなどを生かした表現のよさや面白さを感じ取って聴く。

▶ 「ズールー ウエルカム」の始めの部分の小太鼓のリズムを聴き取り, リズムを打つまねをする。
▶ 自分の好きな打楽器を選び, その楽器の音が聴こえたら演奏するまねをすることで, 音の重なり方や反復, 問いと答えなどの音楽の仕組みによる面白さを感じ取る。
▶ 楽曲の中で特に面白いと思った部分について友達と意見交換したり, ワークシートに記入したりする。

❖ 始めの部分 (1分20秒まで) で繰り返される小太鼓のリズムに注目することで, それに応えるほかの楽器のリズムの変化, 中の部分以降の曲想の変化などに気付くようにする。
❖ 楽曲で使われている打楽器の写真を提示して, 楽器の音を聴き取る手掛かりとする。
❖ PCのメディアプレイヤーなどを活用し, 演奏時間の画面を提示することで, 楽曲のどの部分を演奏しているのかが分かるようにする。　鑑1

評価規準　〈 〉評価方法　【 】子供への評価のポイント

鑑1 打楽器の音色や音の重なり, 反復や問いと答え, 変化を聴き取り, それらの関わり合いから感じ取ったことを言葉で表すなどして, 楽曲の特徴や演奏のよさに気付いて聴いている。　〈行動観察, 発言内容, ワークシート〉

【Aと判断するポイント】
・楽曲のどの部分がどのように面白いか, 音楽の仕組みと関わらせて具体的に発言したり, 記述したりしている。

【Cになりそうな子供への支援】
・子供のそばで小太鼓のリズムを打ち, 聴き取りを促したり, よく聴き取っている友達のまねをさせたりする。

本題材の魅力と発展

子供たちが大好きな打楽器を使って, 様々な音の響きやその組合せを楽しむ題材です。
図形カードを楽譜代わりに用いることで, 試行錯誤しながら音のつなぎ方や重ね方を工夫する活動に, 無理なく取り組むことができます。一人一人の音を生かすように示唆することで, 互いの音を聴き合ってまとまりのある表現をつくろうとする意識が高まります。この学習は, 高学年の声や打楽器によるリズムアンサンブルづくりなど, 音楽の仕組みを生かして構成を工夫する音楽づくりにつながります。

| 小学校 第6学年 | 題材名 「いろいろな声を重ねて音楽をつくろう」 | 4時間 |

題材のねらい

○呼吸及び発音の仕方で変わる声の音色や響きの違いを感じ取りながら声を組み合わせ, 反復, 問いと答え, 変化, 音楽の縦と横の関係を生かし, 全体の見通しをもって音楽をつくる。

○様々な声の表現の多様性や豊かさ, 演奏者による表現の違いを感じ取って音楽を聴く。

学習指導要領との関連

音楽づくり ア・イ
鑑賞 イ・ウ

扱う〔共通事項〕に示された内容
音色, リズム, 速度, 強弱, 音の重なり,
反復, 問いと答え, 変化, 音楽の縦と横の関係

題材の特徴

「心を込めて歌いましょう。」「こんなイメージで歌いましょう。」と授業中に投げ掛けたことはないでしょうか。そのとき, 子供たちは, 実際にどこをどうすればよいのか, 技能的には何をどうすれば心を込めて歌ったことになるのか, 確実に理解しているでしょうか。

声による音楽づくりは, 発声や発音の根本を学ぶことであり, 曖昧になりがちな指導の言葉を, より子供たちに分かりやすい指導の言葉に変容させるものでもあります。

声による音楽づくりがもつ可能性に注目して学習を進め, より豊かな歌唱表現にも結び付けていきましょう。

題材の評価規準

音楽への関心・意欲・態度

関1 発声や発音の仕方に関心をもち, 呼吸及び発音の仕方で変化する声の音色や響きの違いを感じ取りながら, 異なる表情の声の響きや反復, 問いと答え, 変化, 音楽の縦と横の関係などを生かして, 声を使った音楽をつくる活動に主体的に取り組もうとしている。

音楽表現の技能

技1 呼吸及び発音の仕方を工夫して声の音色を決め, 自分の体や部分の動かし方に気を付けて声の音のアイディアをつくり, 音楽の仕組みを生かして, 声の音楽をつくっている。

音楽表現の創意工夫

創1 互いの声の音色を聴き取り, 異なる表情の声や, その組合せによる響きのよさや面白さを感じ取って, 声の組合せ方やつなぎ方を工夫し, 全体の構成をどのようにしたらよいかについて見通しをもっている。

鑑賞の能力

鑑1 声の音色や響き, 音の重なりを聴き取り, それらの働きが生み出すよさや面白さを感じ取り, 演奏者による表現の違いや声の表現の多様性を理解し, 味わって聴いている。

| 教材・教具等 | |

ワークシート

自分の名前をひらがなとローマ字で書いて発音してみましょう。

好きな文字を選んで，自分のアイディアをつくりましょう。
・アイディアが思いつかない場合は，自分の名前から選んだり入れ替えたりしてつくる。
・つくったものに「具体的な意味があるもの」「言葉としてすでにあるもの」は組み合わせない。

1文字でつくる

この文字を選んだ理由を書きましょう。

2文字でつくる

この文字を選んだ理由を書きましょう。

3文字以上でつくる

この文字を選んだ理由を書きましょう。

音を意識できるように，ワークシートを用意する。いろいろな発音や発声を試したあとに，自分がどんな音を選ぶのかを記録し，さらに自分なりの表現の仕方を工夫するようにしていく。

鑑賞教材

「Stripsody」CATHY BERBERIAN 作曲（4分33秒）　公式ホームページより
http://cathyberberian.com/music/
「Biography」MEREDITH MONK 作曲（9分28秒）　CD『DOLMEN MUSIC』より

| 学習のヒント | |

音楽づくりのルール1
音そのものがもつ音色や発声を試す。
・自分の体のどこをどのように使っているのかを意識する。
・短い音—基準の音—長い音，低い音—基準の音—高い音　の音を組み合わせる。
表情や音色を決めて，発声のアイディアを試す。
・言葉の意味に左右されないで音そのもので試す。
・自分の体のどこをどのように使うと，その声を出せるのかを意識する。
・音の長短や高低を組み合わせる。

音楽づくりのルール2
音楽全体は，始め—中1〜3—終わりの部分でつくることを確認し，最初に中の部分をつくる。
・音楽の決まりをグループで話し合い，つくる。
・なぜその重ね方にしたのか，自分の思いや意図を言葉で説明する。
・全体の構成に見通しをもち，クライマックス（曲の山）をどこにするか考える。
・表情や音色を工夫して発声する。
・低い音・基準の音・高い音の重なりをどこかに，または全体に取り入れる。
・拍節的な部分と拍節的でない部分を両方入れる。

音楽づくりの進め方
1｜音そのものの仕組みを知り，声で音のアイディアを試す。
2｜いろいろな発声や発音の仕方を試し，声の音色を探る。
3｜全体の構成を考えてグループで音楽をつくる。

指導計画｜4時間　｜｜ねらい｜｜

第1時 試す
音そのものの仕組みを知り、いろいろな発声や発音の仕方を試す。

● 学習内容　▶ 学習活動　発表の例　　❖ 教師の働きかけ　T 作品等への価値付けの例

一 ● 音そのものの仕組みを知り、声で音のアイディアを試す。

▶ 50音を実際に発声しながら、一つの文字、一つの言葉が自分の体のどこをどのように使い発声しているのか、発声の仕組みを知る。

▶ 自分の名前を使って発声の仕組みを意識して発音する。

▶ 興味・関心をもった文字を選び、1文字、2文字、3文字以上のアイディアを一人でつくる。

▶ 音には長短があることを確認し、「基準の長さの音」「それより短い音」「それより長い音」を意識しながら、前段階でつくったアイディアに音の長短を加えて、声のアイディアを一人で試す。

▶ 三、四人で試す。
〈例〉みんな同じアイディアを重ねて試す。
　　　一人一人違うアイディアを重ねて試す。

▶ 同様に、グループ全員で試す。
〈例〉上記の例に加え、三人ずつ同じアイディアを重ねて試す。

▶ 音には高低があることを確認し、「基準の高さの音」「それより低い音」「それより高い音」を意識しながら、前段階でつくったアイディアに音の高低を加えて、声のアイディアを一人で試す。

▶ 三、四人で試す。
▶ グループ全員で試す。

❖ 学習全体の過程を説明し、いろいろな声を重ねて音楽をつくることに大まかな見通しをもてるようにする。

❖ 自分の体のどこをどのように使い、発音、発声されるのか意識しながら試すようにする。

❖ 名前をローマ字で書き、アルファベット1文字ずつの発音の仕方に気を付けるように促す。

❖ ワークシートに記入するようにする。

❖「基準の長さの音」を常に考えて、それより長いか短いかを意識して発音、発声するよう助言する。

❖ 互いの声を聴き合い、自分の声と異なる長さが重なる響きを意識しながら試すよう助言する。

❖「一人一人違うアイディアを重ねる」ことが難しい場合は何人かで重ねてもよいことを助言する。

❖「基準の高さの音」を常に考えて、それより高いか低いかを意識して発音、発声するよう助言する。

❖ 互いの声を聴き合い、自分の声と異なる高さや重なる響きを意識しながら試すよう助言する。

関1

音楽づくりに関わる掲示1
体のどこを意識して、どのように使って発音するか確認しよう
・くちびるを使う音：P, B, M行
・上の歯と舌を使う音：T, D, N, S, Z, R行
・声帯と腹筋を使う音：A, H行
・舌の根と軟口がいを使う音：K, G行
・小さな「ぅ」や「ぃ」が前につく音：Y, W行

音楽づくりに関わる掲示2
〈音の長短〉
←それより長い音
……基準の長さの音
←それより短い音

〈音の高低〉
←それより高い音
……基準の高さの音
←それより低い音

評価規準　〈 〉評価方法　【 】子供への評価のポイント

関1　発声や発音の仕方に関心をもち、呼吸及び発音の仕方で変化する声の音色や響きの違いを感じ取りながら、異なる表情の声の響きや反復、問いと答え、変化、音楽の縦と横の関係などを生かして、声を使った音楽をつくる活動に主体的に取り組もうとしている。〈行動観察、ワークシート〉

【Aと判断するポイント】
・呼吸及び発音の仕方に大きな関心を寄せ、基準の音の意味をよく理解し、いろいろな音で発音・発声を試している。
・友達のアイディアをよく聴きながら、自分のアイディアを積極的に示している。
・基準の長さや高さ、それに基づく長短や高低の組合せを、友達や自分のアイディアで積極的に試している。

【Cになりそうな子供への支援】
・ラ行やパ行などの発音が特徴的な音を示し、一緒にアイディアを考えるようにする。
・基準の長さや高さ、それに基づく長短や高低を例示し、教師が一緒に試したり、友達の模倣をしたりするように促す。

第2章　見通しをもった授業で学びを深める

試す, つくる 第2時	いろいろな発声や発音の仕方, それらの重ね方を試し, 様々な声による音楽をつくるための見通しをもつ。

● 学習内容　▶ 学習活動　発表の例　❖ 教師の働きかけ　T 作品等への価値付けの例

● いろいろな発声や発音の仕方を試し, 声の音色を工夫する。

▶ 前時で試した発音の仕方のアイディアを, 体のどこをどのように使っているのかを意識しながら試す。

❖ 言葉の意味に頼らずに, 一つの音, 一つの声には音そのもののもつ響きがあることを意識できるよう助言する。

❖ 音色を表現するには気分や感覚のみでなく, 呼吸や発音, 息のつかい方, 唇, 舌, 顎, 顔の筋肉などをどのように動かすと効果的か, 確かめながら試すようにする。

▶ 15のいろいろな表情や音色が書かれたワークシートの音色を発声・発音して試す。
▶ 試したものをどう生かすか考えたり, 話し合ったりする。

❖ 15のいろいろな表情や音色を示し, その発声, 発音の仕方を試すようにする。このほかにも子供のアイディアが出てきた場合は⑯以降の欄に書き込み, 試すようにする。

ワークシート(一部)

15のいろいろな表情や音色
① 優しい, なめらかな, のんびりと
② 生き生きと, 明るく, はっきりと, 喜びをこめて, 楽しげに
③ 厳しい, 怒りをこめて, 叫んで
④ 悲しい, 泣き声で
⑤ ため息混じりの声だけで
⑥ 無声音だけで, ないしょ話の声で
⑦ お経読みのように無表情で
⑧ 笑い声を入れながら
⑨ うがいをするときのような声で
⑩ 鼻にかかった声で
⑪ 裏声で, ふなっしーの声で
⑫ 小さな「っ」をつけて(全音)
⑬ 小さな「ゃ」をつけて
　　(きゃ・しゃ・にゃ・みゃ・りゃ)
⑭ 小さな「ゅ」をつけて
　　(しゅ・ちゅ・にゅ・ひゅ・みゅ・りゅ)
⑮ 小さな「ぇ」をつけて(しぇ・ちぇ)

● 声の組合せを工夫しながら, 声の重なりをつくる。

▶ 試したことを繰り返して, 声の組合せを工夫しながら三, 四人で声の重なりをつくる。
▶ 同様に, グループ全員でつくる。

❖ 重ね方やつくり方の例を示す。
❖ 「低い音—基準の音—高い音」「短い音—基準の音—長い音」での組合せを常に意識しながら基準の音をよく聴き合ってつくるようにする。

創1

音楽づくりに関わる掲示3

重ね方, つくり方の例
・みんな同じアイディアを重ねてつくる。
・一人一人違うアイディアを重ねてつくる。
・みんなで同じようにだんだん変化する表情や音色でつくる。
・一人一人違うスタートでだんだん変化する表情や音色でつくる。
・低い音—基準の音—高い音を担当してつくる。
・短い音—基準の音—長い音を担当してつくる。

評価規準　〈 〉評価方法　【 】子供への評価のポイント

創1 互いの声の音色を聴き取り, 異なる表情の声や, その組合せによる響きのよさや面白さを感じ取って, 声の組合せ方やつなぎ方を工夫し, 全体の構成をどのようにしたらよいかについて見通しをもっている。　〈発言内容, ワークシート〉

【Aと判断するポイント】
・いろいろな発音・発声を試し, 自分でも新しい発音・発声の仕方を見付けている。
・基準の長さや高さ, それに基づく長短や高低を意識し, それぞれの声のよさが生かせるように組合せ方やつなぎ方を工夫している。

【Cになりそうな子供への支援】
・いろいろな発音・発声を友達と一緒に試すよう助言する。
・自分のアイディアを示すように促し, そのアイディアを教師や友達が一緒に表現し, 自信をもってつくることができるように補助する。

つくる, 高める　第3時

声の音色や, 反復, 問いと答え, 変化, 音楽の縦と横の関係を生かして, 全体の構成を考えてまとまりのある音楽をつくる。

● 学習内容　▶ 学習活動　発表の例　　❖ 教師の働きかけ　Ⓣ 作品等への価値付けの例

● 声の音色で構成した音楽をつくる。

- ▶ 音楽全体は始め—中1～3—終わりの部分でつくることを確認し, グループで考える。
- ▶ 最初に中の部分をつくる。
- ▶ 前段階でつくったものを構成に取り入れてつくる。
- ▶ クライマックス（曲の山）をどこにするかを考える。
- ▶ 表情や音色を工夫して発声する。
- ▶ 低い音—基準の音—高い音の声の重なりを取り入れてつくる。
- ▶ 一人一人が声の音のアイディア, 音色やリズム, 反復, 発声や発音の方法を考える。
- ▶ 全体の構成を見通しながら, 反復, 問いと答え, 変化, 音楽の縦と横の関係などの音楽の仕組みを生かして一人一人のアイディアの重ね方, つなぎ方を考える。
- ▶ 全体の構成を確かめながらさらに工夫を加える。
- ▶ 強弱, 速度, 休み（間）を加える, などの様々な変化を工夫する。
- ▶ つくった部分のつなぎ方を決める。
- ▶ 始めと終わりの部分をつくる。
- ▶ 全体を通して演奏し, 確かめ練り直す。

❖ 作品全体の大まかな見通しを確認する。構成のみにとらわれないよう助言する。
❖ 全体の見通しをもって, 始め—中1～3—終わりの部分で構成し, 音楽をつくるようにする。
❖ 前段階でつくったアイディアを繰り返しながらつくるようにする。

❖ 声が重なり合う響きをよく聴き合い, 何度も試しながらつくるようにする。
❖ 中の部分は声の音色や表情, 表現の違いがわかりやすくつくるようにする。
❖ 右上の掲示4のような資料を示し, 自分たちの音楽の決まりをつくるようにする。
❖ 拍節的でないリズムで構成する部分は, 自分の出番を決めながら演奏を試すようにする。
Ⓣ これまで学習してきたことを生かして, 音楽を構成していますね。音楽の決まりを何度も試しながらつくっていくと, 自分たちは, どのようにしたいかはっきりしてきますね。

❖ 自分たちが納得のいくまとまりのある音楽に仕上げるようにする。　技1

音楽づくりに関わる掲示4

音楽の決まりをつくる
＊順番に繰り返す
＊反対に繰り返す
＊入れ替えて繰り返す
＊重ね方を工夫する
　・一斉に
　・だんだん重ねる
　・ソロを回す
　・問いと答え
　・カノン風
　・回数を決めて自由に
　・ロンド
　・オスティナートとソロ　など
＊場面のつなぎ目, 拍節的な部分, 拍節的でない部分を整理してつくる。

評価規準　〈 〉評価方法　【 】子供への評価のポイント

技1 呼吸及び発音の仕方を工夫して声の音色をつくり, 自分の体や部分の動かし方に気を付けて声の音のアイディアをつくり, 音楽の仕組みを生かして, 声の音楽をつくっている。　〈発言内容, ワークシート〉
　　□声の音色や表情の違いを生かした表現　□曲のクライマックスなどを生かした構成

【Aと判断するポイント】
- 自分の体の使い方を意識して発声し, いろいろな呼吸及び発声の仕方を試して声の音のアイディアをつくっている。
- 声の響き合いに注意を払い, 友達と合わせながら, グループの音楽の決まりを選んだり新しくつくったりして声の音楽をつくっている。
- 全体を見通し, 音楽のクライマックスを意識しながら, 部分と部分のつながりを確かめて音楽をつくっている。

【Cになりそうな子供への支援】
- 自分のアイディアだけでなく, 友達のアイディアも試すように促し, 表現の幅を広げるようにする。
- 互いの声を聴くように助言し, 友達の選んだ音楽の決まりで納得がいくかどうか確認し, 友達と試しながら音楽をつくるように助言する。
- 全体の構成図を見ながら, どんな音楽の決まりを使っているかを確認するように促す。

聴き合う，共有する

第4時 グループの音楽を聴き合ったり，様々な声の表現による音楽を聴いたりして，声による音楽の多様性を味わう。

● 学習内容　▶ 学習活動　発表の例　　✤ 教師の働きかけ　T 作品等への価値付けの例　　ワークシートの書き込み例

● **つくった音楽を発表し聴き合う。**

▶ グループでつくった音楽を発表する。

> 私たちのグループは，ソロ回しをして，それぞれの声の音の特徴が生かせる部分をつくりました。2回違う方法で行うので，そこを特に注目して聴いてください。

✤ 友達の表現から，特に声の音色や表情，表現のよさや特徴，その構成に気付くよう注目して聴き合うようにする。

✤ 互いの声をよく聴き合って発表すること，また，どのような工夫をしたのか言葉で発表できるようにすることを確認する。

T このグループのソロ回しは，1回目と2回目で強弱や速度を変えていましたね。また，基準の音を全員で出してから，ブレスを入れずに三つに分かれていたので一気に音が重なる面白さを感じました。

● **様々な表現を聴き，声による音楽の多様性を味わう。**

▶ 様々な声の表現による音楽を聴き，気付いたことを発表したりワークシートに記入したりする。

▶ 多様な音楽や演奏に注目しながら鑑賞する。

✤ 声の変化や表現の工夫に注目して聴き，それらの表現に多様性があることに着目するように促す。

✤ 自分たちがつくった音楽と結び付け，どのように発声，発音しているかを想像したり，様々な声の重なり方に注目し，その響きを味わったりしながら鑑賞するよう助言する。　鑑1

ワークシートの書き込み例

音楽づくりのまとめ
6年　組　名前

学習したこと　声の音楽　パート　ソプラノ

1 音楽づくりでどんなことを試したり，作品に取り入れたりしましたか？試したのに○，取り入れたものに◎，次にやってみたいことに△をつけましょう。

①	いっせいに
②	だんだん重ねる
③	だんだん減る
④	ソロ回す
⑤	カノン風
⑥	回数を決めて自由に
⑦	問いと答え
⑧	ロンド（一人とみんな）
⑨	オスティナートとソロ

2 それによって，つくった音楽はどんな感じがしましたか？次の言葉や，自分の言葉を使って書きましょう。盛り上がる・静か・一つの音・全体の響き

全員盛り上がってから一つの音（笑い声）を出しそれから一気に静まる感じ。
だんだん重ねると強弱が分かりやすくなる。

3 音楽づくりをしてみて，分かったことに○，今回はできなかったけれど次に試したいことに△をつけましょう。

①	音楽はくり返しでできている
②	くり返しを少し変化させるとおもしろい
③	高い音-基準の音-低い音
④	長い音-基準の音-短い音
⑤	速度を3段階くらいで工夫する
⑥	強弱を3段階くらいで工夫する
⑦	間をつくる
⑧	弱い音を生かす
⑨	その場でつくって演奏する

4 友達の話し合いや，自分の意見をもつことについて思ったことを書きましょう。

ソプラノは三つのグループに分かれ声の特ちょうを生かし，パートリーダーがリズムなどを決めて声の音楽をつくっていった。

音楽をつくって，思ったことや感じたこと，次の作品で生かしたいことを自由に書きましょう。

声の音楽が終わったので，教わったことを生かして，歌声集会の歌を発音よく体のどこを使っているのかに気をつけて歌いたいです。またこの作品をつくってって，音楽が遊び心でも表現できることが分かりました。中学校や高校ではこのような体験があるか分からないので，小学校で習ったものを生かしたいです。

評価規準　〈 〉評価方法　【 】子供への評価のポイント

鑑1　声の音色や響き，音の重なりを聴き取り，それらの働きが生み出すよさや面白さを感じ取り，演奏者による表現の違いや声の表現の多様性を理解し，味わって聴いている。　〈発言内容，ワークシート〉

【Aと判断するポイント】
・演奏者による表現の違いを明確にとらえ，言葉で説明したり，自分たちの表現をもとに演奏のよさをとらえたりしている。

【Cになりそうな子供への支援】
・どの声の表現がいちばん気に入ったかを話すように助言し，その理由を教師の例を参考にして，言葉で表すように促す。

本題材の魅力と発展

本題材は「声」の多様性や豊かさを深めるため，「どう技能に結び付けて表現するか」にも注目し，自分の体のどこがどう作用して響きを生み出すのかを意識していきます。
「声」は一人一人の体の構造によって違う響きをもっていますし，様々な響きの声，いろいろな表情の声というイメージはあっても実際にどのように発声や発音をすればよいのかが意識できていないと，子供は表現にはなかなか結び付けられません。しかし，こうした学習を行うと，ほかの音楽づくりや歌唱表現の工夫の場面でも，いろいろな声の表現として生かしていけると考えています。

中学校 第3学年 題材名「ジャズブルースで Swing swing swing!」 6時間

題材のねらい
○スウィングやシンコペーション，3連符などを取り入れて旋律をつくり，反復，変化，対照などの構成を工夫しながら，旋律をつなげたり重ねたりする。
○スウィングやシンコペーション，3連符，コール&レスポンスなどのジャズの特徴を知覚し，それらの働きが生み出す特質や雰囲気を感受しながら，ジャズのよさや面白さを味わって聴く。

学習指導要領との関連
創作 ア・イ
鑑賞 ア
扱う〔共通事項〕に示された内容
リズム，旋律，テクスチュア，構成（反復，変化，対照）

題材の特徴
　本題材は，鑑賞して感じ取ったジャズの特徴をもとに，旋律創作をしたり，ペアの友達とコール&レスポンスを楽しんだりしながら構成を工夫し，グループで一つのまとまりのあるジャズ演奏を行う学習です。ジャズというと，「大人の音楽」「おしゃれでかっこいいけれど難しそう」といった印象をもつ生徒が多いのですが，ブルースのコード進行に合わせて，ジャズ特有のリズムとブルー・ノート・スケールの音階を使うことによって，ジャズらしさを自分でつくり出すことができます。鍵盤ハーモニカという身近な楽器を使って，ブルー・ノート・スケールの音をその鍵盤にシールを貼ることで，安心して音を奏でることができます。慣れてくると，友達とコール&レスポンスを楽しみながら，自分の表現の幅を広げることができます。
　創作で体験したことが鑑賞に生きることと，スモールステップの展開で技能差を感じさせずに旋律創作をできることがこの題材の特徴です。

題材の評価規準

音楽への関心・意欲・態度
関1 ジャズ特有のリズムや楽器の音色，繰り返されるコード進行やアドリブなどに関心をもち，鑑賞する学習に主体的に取り組もうとしている。
関2 ジャズ特有のリズムやブルー・ノート・スケール，反復，変化，対照などの構成や全体のまとまりなどに関心をもち，それらを生かした音楽表現を工夫して旋律をつくる学習に主体的に取り組もうとしている。

音楽表現の技能
技1 ジャズ特有のリズムやブルー・ノート・スケールなどの特徴を生かした音楽表現をするために必要な音の組合せ方などの技能を身に付けて旋律をつくっている。
技2 ジャズ特有のリズムやブルー・ノート・スケール，コール&レスポンスなどの特徴，反復，変化，対照などの構成や全体のまとまりを生かした音楽表現をするために必要な音の組合せ方を身に付けて音楽をつくっている。

音楽表現の創意工夫
創1 ジャズ特有のリズムやブルー・ノート・スケールなどの特徴を知覚し，それらの働きが生み出す特質や雰囲気を感受しながら，ジャズ特有のリズムやブルー・ノート・スケールなどの特徴を生かした音楽表現を工夫し，どのように旋律をつくるかについて思いや意図をもっている。
創2 ジャズ特有のリズムやブルー・ノート・スケール，コール&レスポンスなどの特徴を知覚し，それらの働きが生み出す特質や雰囲気を感受しながら，音楽で表現したいイメージをもち，反復，変化，対照などの構成や全体のまとまりを工夫し，どのように音楽をつくるかについて思いや意図をもっている。

鑑賞の能力
鑑1 ジャズ特有のリズムや楽器の音色，繰り返されるコード進行やアドリブなどの特徴を知覚し，それらの働きが生み出す特質や雰囲気を感受している。
鑑2 知覚，感受しながら，音楽を形づくっている要素や構造，曲想との関わりを理解して，解釈したり価値を考えたりし，根拠をもって批評するなどして，ジャズのよさや美しさを味わって聴いている。

| 教材・教具等 |

鍵盤ハーモニカ

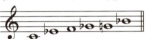
〈ブルー・ノート・スケールの例〉

- 鍵盤ハーモニカはリード楽器であり，ジャズとの相性がよい音色で，近年プロにも使われている。
- ブルー・ノート・スケールの音の鍵盤にシールを貼ることで，即興的に音を奏でながらジャズらしい旋律をつくるようにする。

鍵盤カード

ワークシートに鍵盤ハーモニカの図を載せて，演奏の順番を記入することで，つくった旋律を記譜以外の方法でも記録できるようにする。

ミュージックボード

グループに一つ，ホワイトボードを用意し，構成を工夫するときの手掛かりにする。

ブルースのコード進行やジャズアイテムなどの掲示物　p.115,116参照

- 旋律創作を行う際に随時確認できるように掲示しておく。
- ブルースのコード進行を繰り返し演奏したものを録音し，CDにしておく。

鑑賞教材

「Take Five」ポール デスモンド 作曲（2種類の比較鑑賞）
① クインシー・ジョーンズ・オーケストラ 演奏（3分29秒）　CD『Plays The Hip Hits』UCCU-3172より
② ザ・デイヴ・ブルーベック・カルテット 演奏（5分24秒）　CD『TIME OUT』SICP-30236より

| 学習のヒント |

創作のルール1　【一人でつくる】

- 12小節で1コーラスのブルースのコード進行に合わせて12小節の旋律をつくる。
- ブルー・ノート・スケールを使う（スケールの音の鍵盤にシールを貼る）。
- 気に入った「ソロのジャズアイテム」を組み合わせて旋律をつくる。

創作のルール2　【ペア，グループでつくる】

- ペアで2コーラス（24小節）分の旋律をつなげたり，重ねたりしてつくる。
- 気に入った「ペアのジャズアイテム」を組み合わせて，旋律をつなげたり，重ねたりしてつくる。
- グループで2コーラス以上のまとまりのある音楽をつくる。
- ソロとペアのジャズアイテムを組み合わせて構成を工夫する。

創作の進め方

1｜ブルースのコード進行に合わせてブルー・ノート・スケールを順次進行で上行させたり，下行させたりして鍵盤ハーモニカで演奏する。
2｜しだいに順番を入れ替えたり，始めの音や終わりの音を変えてみたりする。
3｜ソロのジャズアイテムを試しながら，自分の旋律に取り入れたいジャズアイテムを決める。
4｜ブルー・ノート・スケールとソロのジャズアイテムを組み合わせて，12小節の旋律をつくる。
5｜クラス全員でリレー奏をする。
6｜ペアの友達と，ペアのジャズアイテムを試しながら，24小節の構成を工夫する。
7｜六人程度のグループに分かれ，ソロ（12小節）やペア（24小節），グループ（フリー）の構成をミュージックボードに書き込みながら工夫する。

指導計画｜6時間　‖ねらい‖

聴く 第1時
演奏者の異なる2種類の演奏で「Take Five」を比較鑑賞し，ジャズの特徴を聴き取る。

● 学習内容　▶ 学習活動　発表の例　❖ 教師の働きかけ　T 作品等への価値付けの例

● **クインシー・ジョーンズ・オーケストラによる演奏を聴き，音色や楽曲の構成と曲想との関わりを理解して聴く。**

▶ 演奏している楽器の種類，楽曲の構成について気付いたことをワークシートに記入する。

❖ 冒頭部分を聴き，演奏している楽器の音色を確認してから，全曲を鑑賞するようにする。

〈板書の例〉
〈クインシー・ジョーンズ・オーケストラ〉
フルート，サクソフォーン，トランペット，トロンボーン，ピアノ，ヴァイブラフォーン，コントラバス，ドラム

● **ザ・デイヴ・ブルーベック・カルテットによる演奏を聴き，音色や楽曲の構成と曲想との関わりを理解して聴く。**

▶ 演奏している楽器の種類，楽曲の構成について気付いたことをワークシートに記入する。

❖ 楽器の種類，楽曲の構成について気付いたことを発表する場を設定し，演奏している楽器の音色，ソロやアドリブ，繰り返されるコード進行などを理解できるようにする。　関1

〈板書の例〉
〈ザ・デイヴ・ブルーベック・カルテット〉
サクソフォーン，ピアノ，コントラバス，ドラム

● **2種類の演奏を比較鑑賞して，共通点と相違点をまとめる。**

▶ ワークシートに記入したことを発表し聞き合う。
〈ワークシートの記入例〉
・共通点…最初と最後のテーマが同じ。伴奏の形が同じ。ソロがある。
・相違点…使われている楽器の種類が違う。中間部は，アドリブで演奏されている。

❖ 2種類の演奏の共通点と相違点について発表する場を設定し，最初と最後に演奏されるテーマは同じであるが，中間部はアドリブであり，演奏者によって違うこと，即興性があることを理解できるようにする。　鑑1

評価規準　〈 〉評価方法　【 】生徒への評価のポイント

関1 ジャズ特有のリズムや楽器の音色，繰り返されるコード進行やアドリブなどに関心をもち，鑑賞する学習に主体的に取り組もうとしている。　〈発言内容，ワークシート〉

【Aと判断するポイント】
・演奏している楽器の音色，ソロやアドリブ，繰り返されるコード進行を聴き取り，2種類の演奏の共通点と相違点を見付ける活動に意欲的に取り組んでいる。

【Cになりそうな生徒への支援】
・聴き取ることのできた楽器の音色などを問い，聴き取れたことを認め励ますことで，主体的に鑑賞の活動に取り組めるようにする。

鑑1 ジャズ特有のリズムや楽器の音色，繰り返されるコード進行やアドリブなどの特徴を知覚し，それらの働きが生み出す特質や雰囲気を感受している。　〈発言内容，ワークシート〉

【Aと判断するポイント】
・演奏している楽器の音色，ソロやアドリブ，繰り返されるコード進行を聴き取り，2種類の演奏の共通点と相違点を見付ける活動に意欲的に取り組んでいる。

【Cになりそうな生徒への支援】
・コード進行をピアノで演奏し，手元を見せながら，同じコードが繰り返されていることを理解しやすくする。
・旋律を演奏している楽器の写真を示すようにする。

| 試す 第2時 | ブルースのコード進行に合わせて,ブルー・ノート・スケールとジャズアイテムを試し,12小節の旋律をつくる。 |

●学習内容　▶学習活動　発表の例　　　　　✤教師の働きかけ　🅣作品等への価値付けの例

●ブルースのコード進行とブルー・ノート・スケールを理解して,ブルー・ノート・スケールの特徴を感じ取る。

▶ブルースのコード進行を繰り返し演奏したCDに合わせて,ブルー・ノート・スケールを順次進行で上行させたり,下行させたりする。

▶しだいに順番を入れ替えたり,始めの音や終わりの音を変えてみたりする。

✤ブルースのコード進行を繰り返し演奏したCDを用意し,ブルー・ノート・スケールの音を,鍵盤ハーモニカの鍵盤にシールを貼ることで,どの生徒も即興的な表現を気軽に楽しめるようにする。

✤上行と下行を繰り返しながら,折り返す音や,始めの音や終わりの音を変化させることで,印象が変わることに気付くようにする。

関2

教室のレイアウト1

※スピーカーからブルースのコード進行が繰り返し流れるようにしておく。

ソロ〜ペアの活動の際には,全員で円隊形になるようにする。隣はペアの友達。（人間関係や技能を考慮して教師が意図的に組む。男女のペア。）

●ジャズらしさを表現できるリズムの特徴を生かした音の組合せ方について学ぶ。

▶範奏DVDを視聴し,特徴的なリズムを感じ取る。

▶9種類の「ソロのジャズアイテム」を順番にすべて試してみる。

▶自分の旋律に取り入れたいジャズアイテムを決める。

▶ジャズアイテムを取り入れて12小節のまとまりのある旋律をつくり,クラス全員でリレー奏をする。

※実際の授業において,生徒が記譜することを求めていません。即興演奏が基本で,生徒自身が気に入ったフレーズやアイテムを繰り返し使って形になっていく流れです。

✤校内の教員による演奏を録音したDVDを視聴する場を設定し,気付いたことについての発言を整理し,ジャズらしさを表現できるリズムの特徴を可視化して示すようにする。

✤クラス全員でリレー奏をする場を設定することで,様々な表現のよさに気付けるようにする。

🅣3連符の上行形を2回繰り返したあとに,スウィングと,のばした音を組み合わせて下行しているのが,反復と変化がとても効果的に感じられます。

🅣前半は,スウィングが連続されていて音が多く複雑であるのに対して,後半は,前打音と休符でシンプルに表現されていて,印象的です。

技1

ブルースのコード進行

※1マスを1小節とする。
※分かりやすくシンプルなコード進行を用いる。

C7	C7	C7	C7
F7	F7	C7	C7
G7	F7	C7	G7(C7)

創作に関わる掲示1
ソロのジャズアイテム

評価規準　〈　〉評価方法　【　】生徒への評価のポイント

関2　ジャズ特有のリズムやブルー・ノート・スケール,反復,変化,対照などの構成や全体のまとまりなどに関心をもち,それらを生かした音楽表現を工夫して旋律をつくる学習に主体的に取り組もうとしている。　〈発言内容,表情観察,表現観察〉

【Aと判断するポイント】
・ブルー・ノート・スケールを使って,いろいろリズムを試し,よりジャズらしい表現を見付けようとしている。

【Cになりそうな生徒への支援】
・1オクターヴの中で,上行や下行を繰り返すことを促し,慣れてきたところで,範囲を広げていくように支援する。

技1 ジャズ特有のリズムやブルー・ノート・スケールなどの特徴を生かした音楽表現をするために必要な音の組合せ方などの技能を身に付けて旋律をつくっている。〈発言内容，表情観察，表現観察，演奏観察〉
□ジャズアイテムの取り入れ方　□拍の流れが感じられる表現　□反復，変化の仕方

【Aと判断するポイント】
・12小節のまとまりを生かしながら，ジャズアイテムを適切に反復，変化させながら組み合わせている。

【Cになりそうな生徒への支援】
・取り入れたいジャズアイテムは何か問い掛け，教師も一緒にそのアイテムを試すことで，気に入った表現を見付けられるようにする。

つくる　第3時　ペアで音のつながり方や重なり方を工夫し，どのように音楽をつくるかについて思いや意図をもつ。

● 学習内容　▶ 学習活動　発表の例
❖教師の働きかけ　T作品等への価値付けの例

● 音のつながり方や重なり方について考え，工夫する。

▶ 様々な友達とペアになり，即興的にコール＆レスポンスを楽しむ。
▶ 2,3組の代表ペアによるコール＆レスポンスを聴き，音のつながり方の工夫を感じ取る。

▶ ペアの友達とコール＆レスポンス，バッキング，ユニゾンを試し，それぞれを組み合わせて24小節のまとまりのある音楽をつくる。

❖「隣の席の人」「同じ委員会の人」「出身小学校が同じ人」などの条件を出すことで，様々な友達とペアになり，友達の表現を受け止めて返したり，友達が自分の表現を受け止めて返してくれたりすることの面白さを感じ取るようにする。

❖一つのモティーフに対して，コール＆レスポンス，バッキング（伴奏），ユニゾンでそれぞれ組み合わせた演奏を聴く場を設定し，「3種類の音の重なり方の違いとそこからどのような印象を感じますか。」と発問することで，音の重ね方に見通しをもてるようにする。

T Aさんは，B君の終わりの音と同じ音からレスポンスを始めたのでつながり方が自然ですね。

T C君は，Dさんが使っていたジャズアイテムのトレモロを取り入れたので，二人の旋律のつながり方に統一感が感じられていいですね。　創1

創作に関わる掲示2

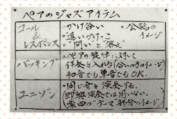

〈コール＆レスポンスを用いた例〉

〈反復やトレモロを用いた例〉

評価規準　〈 〉評価方法　【 】生徒への評価のポイント

創1 ジャズ特有のリズムやブルー・ノート・スケールなどの特徴を知覚し，それらの働きが生み出す特質や雰囲気を感受しながら，ジャズ特有のリズムやブルー・ノート・スケールなどの特徴を生かした音楽表現を工夫し，どのように旋律をつくるかについて思いや意図をもっている。〈発言内容，表情観察，表現観察，演奏観察，ワークシート〉

【Aと判断するポイント】
・ペアの友達の旋律の特徴を知覚し，同じ音から始めたり，同じジャズアイテムを使ったり，対照的な表現を取り入れたりしている。

【Cになりそうな生徒への支援】
・ペアの友達の旋律を模倣することを試すように促し，少しずつ変化を加えられるようにしていく。

高める 第4時	表現したいイメージをグループで共有し，旋律のつなぎ方や組合せ方，グループ全体での構成や全体のまとまりを工夫し，どのように音楽をつくるかについて思いや意図をもつ。

● 学習内容　▶ 学習活動　発表の例　❖ 教師の働きかけ　T 作品等への価値付けの例

● グループで表現したいイメージを共有する。

▶ グループ内で，12小節のソロの旋律と，24小節のペアでの音のつなぎ方や組合せ方を発表し，聴き合う。

▶ それぞれのソロやペアのよさが生きるような順番を考える。

❖ ブルースのコード進行を繰り返したCDを流し，ソロの旋律とペアの音のつなぎ方や組合せ方を発表するように促す。

❖ ミュージックボードを配布し，それぞれのソロやペアのよさが生きるような順番を記入するように促す。

● 共有したイメージに向けて，グループのフリーの部分の構成を考える。

▶ ソロ，ペア，トリオ，トゥッティなどの形態の組合せを工夫する。

▶ ソロ対トゥッティ，ペア対ペア，トリオ対トリオで，それぞれ，コール＆レスポンス，バッキング，ユニゾンの組合せを工夫する。

〈組合せの例〉
ソロ（12小節ずつ）
Aさん→B君→Cさん→D君→Eさん→F君→

ペア（24小節ずつ）
AさんとB君→CさんとD君→EさんとF君→

グループ
男子3人対女子3人のコール＆レスポンス12小節→Aさんのソロ4小節→B君のソロと全員でバッキング4小節→全員でユニゾン4小節で終わり

❖ 範奏DVDを視聴する場を設定し，ソロ，ペア，トリオ，トゥッティなどの形態の組合せの面白さに気付くことができるようにする。

❖ 形態の組合せが決まったら，共通のアイテムを決めたり，音の高さを決めたりすることで，表現したいイメージを共有できるようにする。

T 4小節間のB君のソロのあと，B君の旋律を引き立てるように，グループ全員でバッキングをしている部分のバランスがとてもよいです。

T Fさん，Gさん，Hさんトリオは高い音でコールしているのに対して，I君，J君，K君トリオは低い音でレスポンスしているところが流れも自然で，音を通して会話をしているようでした。
創2

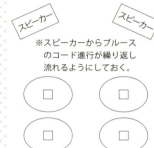

教室のレイアウト2

※スピーカーからブルースのコード進行が繰り返し流れるようにしておく。

グループ活動の際には，グループごとに円になる。それぞれ真ん中に机を置き，ミュージックボードを置く。

評価規準　〈 〉評価方法　【 】生徒への評価のポイント

創2　ジャズ特有のリズムやブルー・ノート・スケール，コール＆レスポンスなどの特徴を知覚し，それらの働きが生み出す特質や雰囲気を感受しながら，音楽で表現したいイメージをもち，反復，変化，対照などの構成や全体のまとまりを工夫し，どのように音楽をつくるかについて思いや意図をもっている。〈発言内容，表情観察，表現観察，ワークシート〉

【Aと判断するポイント】
・グループ全体での構成や全体のまとまりを工夫し，いろいろな考えやまとめ方を提案している。
・どのように音楽をつくるかについて思いや意図が明確に記述されている。

【Cになりそうな生徒への支援】
・友達の提案を受けて，どのように感じたか問い掛け，感じたことや考えたことを記述できるようにする。

第5時 聴き合う，共有する

ジャズ特有のリズムやブルー・ノート・スケール，コール＆レスポンスなどの特徴や反復，変化，対照などの構成や全体のまとまりを生かしてつくり上げた音楽を聴き合い，そのよさを共有する。

● 学習内容　▶ 学習活動　発表の例　　　　❖ 教師の働きかけ　技 作品等への価値付けの例

● **グループでつくり上げたジャズブルースを発表し，聴き合う。**

▶ ミュージックボードを提示しながら，グループで工夫した構成について説明し，ジャズブルースを発表する。

❖ 発表する前に，グループで工夫した構成について説明する場を設定し，教師からも聴きどころを伝えることで，構成の工夫に気付けるようにする。

● **発表を聴いて，感じ取ったよさについて伝え合う。**

▶ それぞれのグループの発表後に，聴き取ったり感じ取ったりしたよさを，ワークシートに記入する。

▶ ワークシートに記入したことを発表し伝え合う。

〈ワークシートの記入例〉

> 1班は，三人ずつ組になって，コール＆レスポンスをしていて楽しそうだった。三人の役割も二人がユニゾンで旋律を演奏し，一人がバッキングをしていたのもいいなと思った。
> また，同じリズムを繰り返し使っていたので，分かりやすく，安心して聴いていられる感じがした。

❖ それぞれのグループの発表後に，聴き取ったり感じ取ったりした構成の工夫のよさを，ワークシートに記入するように促す。

技 1班は，トリオ対トリオの部分は，「花一匁（はないちもんめ）」のコール＆レスポンスをイメージしたそうです。同じリズムが反復されることで，聴いている人に心地よさを与えてくれました。

技 2班の演奏の最後は，6人全員でスウィングのリズムを上手に生かしながらユニゾンで締めくくられ，一体感がありました。

技 3班のソロの部分は，全員が違うジャズアイテムを使うことで，変化が感じられ，次々と引き込まれていくようでした。　**技2**

関心や意欲，態度を見取るワークシート

私もJazz player！
ジャズブルースでSwing swing swing！
　　　3年　　組　名前

1. 演奏を聴いて感じたことや気付いたことを書きましょう。
（全体の雰囲気や演奏の仕方，工夫）

2.「ジャズアイテム」の整理

3. "マイ・モティーフ"のメモ（音符で書いても，階名で書いてもどちらでもいいです。裏面の鍵盤カードに書き込んでもいいです。また，"マイ・モティーフ"に使うジャズアイテムをメモしておきましょう。）

【使いたいジャズアイテム】

4. 振り返りを記入しましょう。

評価規準　〈　〉評価方法　【　】生徒への評価のポイント

技2 ジャズ特有のリズムやブルー・ノート・スケール，コール＆レスポンスなどの特徴，反復，変化，対照などの構成や全体のまとまりを生かした音楽表現をするために必要な音の組合せ方を身に付けて音楽をつくっている。
〈発言内容，表情観察，表現観察，演奏観察〉
□ジャズアイテムの取り入れ方　□反復，変化の仕方　□形態の組合せ方　□音のつなぎ方や重ね方のバランス

【Aと判断するポイント】
・ジャズアイテムを適切に反復，変化させながら音の組合せ方やつなぎ方，重ね方のバランスがよい。

【Cになりそうな生徒への支援】
・ジャズアイテムの反復，変化のさせ方や音のつなぎ方，重ね方を複数提示して，どれがよいと感じたか理由を問い掛け，教師も一緒に演奏することで，音の組合せ方の違いを感じ取ったり，自分が表現したいイメージに近づけたりできるようにする。

| 聴き深める 第6時 | 演奏者の異なる2種類の「Take Five」を比較鑑賞し，創作で体験したことをもとに構造と曲想との関わりを感じ取りながら鑑賞する。 |

● 学習内容　▶ 学習活動　発表の例　　　❖ 教師の働きかけ　Ⓣ 作品等への価値付けの例

● **演奏者の違いによる曲想の違いを感じ取る。**

▶ それぞれの演奏を聴き，演奏している楽器の種類，楽曲の構成についてあらためて気付いたことをワークシートに記入する。

❖ 第1時のワークシートを見ながら鑑賞し，さらに詳しく，楽曲の構成について気付いたことを記入できるようにする。
❖ 楽器の種類，楽曲の構成について気付いたことを発表する場を設定し，演奏している楽器の音色，ソロやアドリブ，繰り返されるコード進行などを第1時よりも詳しく聴き取るようにする。

▶ 2種類の演奏を比較聴取して，アドリブの演奏の仕方や演奏者どうしの駆け引きの様子を聴き取り，それぞれの雰囲気を感じる。

❖ サクソフォーンの旋律とピアノ，ベースのコード進行，ドラムのリズムの三つに注目して比較聴取できるように助言する。

● **「Take Five」を形づくっている要素や構造，曲想との関わりを感じ取りながら鑑賞する。**

▶ 2種類の演奏を比較して，それぞれよかったところなどを文章にまとめる。
▶ それぞれが書いた文章を交流し，自分の書いた内容を振り返りながらまとめの鑑賞をする。

❖ 「Take Five」の構造と曲想との関わりについて説明する。　鑑2

評価規準　〈 〉評価方法　【 】生徒への評価のポイント

鑑2　知覚，感受しながら，音楽を形づくっている要素や構造，曲想との関わりを理解して，解釈したり価値を考えたりし，根拠をもって批評するなどして，ジャズのよさや美しさを味わって聴いている。　〈発言内容，ワークシート〉

【Aと判断するポイント】
・演奏している楽器の音色，ソロやアドリブ，繰り返されるコード進行を聴き取り，2種類の演奏の共通点と相違点をより明確に見付けて聴いている。
・ジャズのよさを自分がつくった経験をもとにはっきりとらえている。

【Cになりそうな生徒への支援】
・コード進行をピアノで演奏し，手元を見せながら，同じコードが繰り返されていることを理解できるようにする。
・旋律を演奏している楽器の写真を示しながら，鑑賞できるようにする。
・自分たちのジャズアイテムを思い起こしながら聴くように促す。

本題材の魅力と発展

ジャズの魅力は，自由度が高く即興的な表現を楽しめることや，互いの表現を感じ取りながら，音でコール&レスポンスしていくことができ，音を通じてのコミュニケーションが図れることです。音階や和音を限定することにより，音の組合せとリズムを変化させるだけで，自分にしかできない表現を工夫していくことができます。
個々の音楽経験などによる技能差が生まれやすいのですが，スモールステップで技能が身に付くような題材の展開を工夫しています。また，ジャズの魅力を鑑賞で感じ取り，鑑賞で感じ取った要素を創作で体験していく中で，ジャズの魅力や奥行きに触れることができます。

小学校 第1学年　年間学習指導計画

扱い月	扱い時数 合計68	題材名	題材のねらい	主な学習内容
4	6	うたで なかよしに なろう	▶友達と一緒に歌ったり体を動かしたりする楽しさを感じ取りながら、音楽への興味・関心をもつ。	新しく出会った友達と声を合わせて歌う。 音楽に合わせて歌ったり体を動かしたりする。 輪遊びをしながら歌ったり、歌詞の内容に合わせて声の強弱を工夫したりする。
5	5	はくを かんじて あそぼう	▶音楽に合わせて体を動かしながら歌ったり聴いたりして、拍の流れを感じ取る。	音楽を聴いて拍の流れを感じ取り、手拍子を打ったり足踏みをしたりする。 拍の流れを感じ取りながら名前遊びをしたり、言葉のリレーをしたりする。 歌詞の内容を思い浮かべながら、拍の流れを感じ取って歌う。
6・7	12	はくを かんじて リズムを うとう	▶歌ったり体を動かしたりしながら、拍の流れを感じ取る。 ▶リズムの違いに気付き、拍の流れを感じ取って簡単なリズムを演奏したり、リズムに合う言葉を選び組み合わせて表現したりする。	拍の流れを感じ取って、[たん たん｜たん・]のリズムを打つ。 拍の流れを感じ取って、[たん たん｜たん たん｜たん たん｜たん・]のリズムを打つ。 拍の流れを感じ取って、[たん・ ｜たん・ ｜たん たん｜たん・]のリズムを打つ。 拍の流れを感じ取って、[たん たん｜たん・ ｜たた たた｜たん・]のリズムを打つ。 拍の流れを感じ取り、言葉を繰り返したり組み合わせたりしてリズム遊びをする。 3拍子の拍の流れを感じ取って、歌詞の情景を想像しながら気持ちを込めて歌う。
9・10	13	どれみで うたったり ふいたり しよう	▶階名で模唱や暗唱をしたり、まねっこ遊びをしたりして、階名に親しむ。 ▶鍵盤ハーモニカの基本的な演奏の仕方を身に付けたり、きれいな音に気付いて聴いたりする。	鍵盤ハーモニカの構え方を覚え、音遊びをしたり、音楽を聴いたりする。 鍵盤ハーモニカのドとソの位置を覚え、音色に気を付けて演奏する。 鍵盤ハーモニカのド、レ、ミの位置を覚え、運指に気を付けて演奏する。 鍵盤ハーモニカのド～ソの位置を覚え、音色や運指に気を付けて演奏する。 鍵盤ハーモニカのド～ソの音で、問いと答えを使って旋律遊びをする。 音の高さの違いに気を付けて、階名唱する。
11	6	ようすを おもい うかべよう	▶楽曲の気分を感じ取りながら、想像豊かに聴いたり思いをもって表現したりする。 ▶歌詞の表す様子や気持ちを想像して、楽曲の気分に合った表現を工夫して歌う。	音楽から場面の様子を思い浮かべ、楽曲の気分の変化を感じ取って聴く。 音程やリズムに気を付け、拍の流れを感じ取りながら歌う。 歌詞の表す様子や気持ちを想像して、発音や歌い方を工夫する。
12	9	いろいろな おとを たのしもう	▶身近な楽器の音色の特徴を感じ取り、演奏の仕方や楽器の音色に興味・関心をもって演奏したり音楽をつくったりする。 ▶楽器の特徴的な音色を感じ取り、楽曲のよさや面白さに気付いて聴く。	楽器の音色やリズムに気を付けて聴き、楽曲の面白さを友達と交流する。 星空の様子を思い浮かべて、歌い方や楽器の演奏の仕方を工夫する。 トライアングルとすずの基本的な演奏の仕方を覚え、いろいろな音の鳴らし方を探す。 音色の組合せや重ね方、強弱を工夫して、星空の様子に合う音楽をつくる。
1	2	にほんの うたを たのしもう	▶友達と一緒に歌ったり音楽に合わせて体を動かしたりして、日本に伝わるわらべうたの楽しさを感じ取る。	わらべうたを聴いたり、歌って遊んだりする。 拍の流れや速度に気を付けて、わらべうたで手遊びをしたり、歌ったりする。
2	3	わらべうたで つくろう	▶わらべうたの旋律の特徴を感じ取り、拍の流れを感じ取りながら、歌ったり旋律をつくったりする。	拍の流れを感じ取って、言葉に合った旋律をつくる。
2・3	12	おとを あわせて たのしもう	▶互いの歌声や楽器の音を聴きながら、気持ちを合わせて歌ったり演奏したりする。 ▶楽器の響き合いに気付き、拍の流れやフレーズを感じ取りながら楽しんで聴く。	互いの声を聴き合い、強弱の違いを工夫して歌う。 拍の流れを感じ取って、歌と楽器を合わせて演奏する。 互いの音を聴きながら、拍の流れを感じ取って合奏する。 拍の流れや強弱の変化を感じ取り、楽曲の気分に合わせて体を動かしながら聴く。

◎…共通教材　♪…鑑賞　☆…音楽づくり　●…主となる内容　○…関連する内容

音楽づくりのポイント

教材名	A表現 歌唱 ア	イ	ウ	エ	器楽 ア	イ	ウ	エ	音楽づくり ア	イ	B鑑賞 鑑賞 ア	イ	ウ	〔共通事項〕ア	イ
うたで さんぽ	●	●												速度 強弱 拍の流れ 問いと答え	
ぞうさんの さんぽ	○	●													
てと てで あいさつ	○	●													
◎ひらいた ひらいた	●	●													
♪さんぽ											●	○	○	リズム 拍の流れ フレーズ 問いと答え	
なまえあそび	○								●						
◎かたつむり	●	●	○	○											
じゃんけんぽん	○	○			●		●	○						音色 リズム 強弱 拍の流れ フレーズ 反復 問いと答え	
みんなで あそぼう	○		○		●		○	●							
♪しろくまの ジェンカ	●	○			●						●	●	○		
ぶん ぶん ぶん	○	○			●		●								
☆ことばで リズム									●	●					
◎うみ	○	●	●	○											
♪みつばちの ぼうけん											○	●	○	音色 旋律 拍の流れ 問いと答え	
たのしく ふこう	○					●	●								
どんぐりさんの おうち	●					●	●	○							
どれみで あいさつ	●					●									
どれみの まねっこ					●		○								
なかよし	●			○	●		○	●							
どれみふぁその まねっこ					●		○								
☆どれみふぁあそび									●	●					
どんぐりさんの おうち(どれみ)	●		●												
どれみの まねっこ	●														
♪おどる こねこ											●	○	●	音色, 速度 旋律, 強弱 拍の流れ 反復	
◎ひのまる	○	●	●	○											
はる なつ あき ふゆ	○	●	●	○											
♪シンコペーテッド クロック											●	●	●	音色 リズム 強弱 反復 問いと答え	
きらきらぼし	●		○	●		●	○								
おとさがし							○		●						
☆ほしぞらの おんがく									●	●					
♪さんちゃんが／おおなみ こなみ	●										●		○	速度 旋律 拍の流れ	
おちゃらか ほい	○			●											
〔国歌〕きみがよ															
☆それから どうした									●	●				旋律 拍の流れ フレーズ 反復 問いと答え	
やまびこ ごっこ	●	●	●	●										音色, リズム 旋律, 強弱 拍の流れ フレーズ 反復 問いと答え	
☆やまびこあそび									●						
とんくるりん ぱんくるりん	●	○	○	●	●	○	●	●							
こいぬの マーチ	●	○	○	●	●	○	●	●							
♪ラデツキー こうしんきょく											●	●	●		

拍の流れは，これからの音楽学習にとても大切な要素です。自分や友達の名前，食べ物の名前など身近な言葉を使い，楽しみながら拍の規則性を感じ取るようにします。

前題材の名前遊びを発展させ，言葉のもつリズムを生かしてタン，タタ，ウンを学びます。これからの様々なリズム学習の基礎になります。また，二つの言葉を組み合わせることは，自然に8拍のまとまりを感じることにつながります。

前時の「どれみふぁそのまねっこ」の発展で，友達の表す3音に違う3音で答えます。会話のようにやりとりをする「問いと答え」の旋律遊びです。運指に気を付けながら，順次音程や跳躍音程などいろいろな組合せを工夫すると，鍵盤ハーモニカの基礎的な学習に活用できます。

「おとさがし」で見付けた「音色」を生かし，場面に合った音の組合せを工夫します。いろいろ試して，よい響きを見付けましょう。3年生で取り組む「まほうの音楽」に生かすことができます。

わらべうたは，お囃子や民謡などの郷土の音楽，箏曲など我が国の音楽の基礎になります。低学年のうちに親しんでおくと，中高学年で無理なく取り組むことができます。

お話に合った8拍の旋律づくりは，音の上がり下がり，フレーズなど，これからの学習へつながる活動です。

強弱や速度などいろいろな声の出し方を工夫して呼び掛け，よく聴いて答えるまねっこ遊びです。これは，互いの歌声を聴き合って声を合わせる歌唱の学習や，様々な表現の工夫につながります。また，声のアンサンブルへ発展させることもできます。

小学校 第2学年　年間学習指導計画

扱い月	扱い時数 合計70	題材名	題材のねらい	主な学習内容
4	5	うたで ともだちの わを ひろげよう	▶友達と一緒に歌ったり体を動かしたりする楽しさを感じ取りながら，音楽への興味・関心をもつ。	挨拶の言葉を合いの手のように入れて楽しみながら，友達と声を合わせて歌う。 世界の子供の遊び歌を聴いたり歌ったりしながら，友達と遊んで楽しむ。 かくれんぼ遊びの様子を想像し，強弱を工夫して歌う。
5 6	10	はくの まとまりを かんじとろう	▶音楽に合わせて体を動かしながら歌ったり聴いたりして，拍のまとまりや拍子の違いを感じ取る。	2拍子の拍のまとまりを感じ取って，手遊びをしたり歌ったりする。 2拍子の拍のまとまりや，二つの旋律の交替，強弱の変化などに気を付けて音楽を聴く。 3拍子の拍のまとまりを感じ取って，手遊びをしたり歌ったりする。 3拍子の拍のまとまりを感じ取って，歌ったり体を動かしながら音楽を聴いたりする。
7	9	音の たかさの ちがいを かんじとろう	▶音の高さの違いに気付き，声の出し方や発音を工夫して即興的な音遊びをしたり，楽器で旋律遊びをしたりする。 ▶音の高さに気を付けながら，階名で模唱や暗唱をしたり，鍵盤楽器で演奏したりする。	音の高さの違いを生かし，声の出し方を工夫しながら即興的に声で音遊びをする。 音の高さの違いに気を付けて歌詞や階名で歌ったり，鍵盤楽器で演奏したりする。 音の高さの違いを感じ取りながら音楽を聴いたり，階名で模唱や暗唱をしたりする。 音の高さの違いに気を付けて，歌ったり楽器を演奏したりする。 音の高さの違いに気を付けて，和音の構成音から音を選んで短い旋律をつくる。
9 10	10	ひょうしを かんじて リズムを うとう	▶拍子を感じ取りながら，リズム伴奏にのって歌ったり演奏したりする。 ▶リズム譜に親しみ，簡単なリズムを演奏したり，反復を生かしたリズムをつくったりする。	2拍子の拍の流れを感じ取って，リズム伴奏を演奏したり歌ったりする。 3拍子の拍の流れを感じ取って，リズム伴奏を演奏したり歌ったりする。 2拍子の拍の流れを感じ取って，旋律を分担したリズム伴奏を演奏したりする。 反復を生かし，リズムパターンを組み合わせてまとまりのあるリズムをつくる。
10	4	いろいろな 音を 楽しもう	▶いろいろな楽器の音色の特徴を感じ取り，音色の組合せを工夫して表現する。	打楽器の音色の違いに気を付けながら，音の組合せや重ね方を工夫し，歌と合わせる。 歌詞の表す情景や気持ちを想像し，擬声語の面白さを生かして歌い方を工夫する。
11	5	だがっきの音色 を生かして 音楽をつくろう	▶いろいろな打楽器の音色の違いを感じ取り，楽器に合ったリズムを選択し，演奏の仕方を工夫して音楽をつくる。 ▶いろいろな楽器の音色の特徴を感じ取りながら音楽を聴く。	打楽器の音色やリズムを聴き取り，それらの組合せを生かして音遊びをする。 音色の違いに気を付けて音楽を聴き，いろいろな打楽器の音色の面白さを楽しむ。
12	10	ようすを おもい うかべよう	▶楽曲の気分を感じ取りながら，想像豊かに聴いたり思いをもって表現したりする。 ▶歌詞の表す様子や気持ちを想像して，楽曲の気分に合った表現を工夫して歌う。	挿絵を参考にし，楽曲の気分の変化から場面の様子の違いを感じ取って聴く。 歌詞の表す情景や気持ちを想像し，声の出し方や強弱を工夫して歌う。 歌詞の表す情景や気持ちを想像し，声の出し方や強弱，速度を工夫して歌う。 小ぎつねの気持ちを想像し，声の出し方や強弱に気を付けて歌ったり，楽器を演奏したりする。
1	4	日本の うたを 楽しもう	▶日本に伝わるわらべうたの楽しさやよさを感じ取りながら，聴いたり歌ったりする。 ▶わらべうたの特徴を感じ取り，音を選んで伴奏の旋律をつくる。	拍の流れを感じ取って，わらべうたを聴いたり，歌って遊んだりする。 拍の流れを感じ取って歌ったり，与えられた音で伴奏をつくったりする。
2 3	13	音を あわせて 楽しもう	▶互いの歌声や楽器の音を聴きながら，気持ちを合わせて歌ったり演奏したりする。 ▶楽器の響き合いや旋律の特徴に気付き，いろいろな音を合わせる楽しさを感じ取りながら聴く。	楽器の音色を手掛かりにし，旋律の反復や問いと答えが生み出す面白さを感じ取って聴く。 声の重なりを感じ取りながら，互いの声を聴き合って歌う。 拍の流れを感じ取りながら，互いの歌声や楽器の音を聴き合って演奏する。 互いの歌声や楽器の音を聴き合いながら合奏する。 歌詞の表す情景を想像し，互いの声を聴きながら明るい声で歌う。

◎…共通教材　♪…鑑賞　☆…音楽づくり　●…主となる内容　○…関連する内容

音楽づくりのポイント

教材名	A表現 歌唱 ア	イ	ウ	エ	A表現 器楽 ア	イ	ウ	エ	音楽づくり ア	イ	B鑑賞 鑑賞 ア	イ	ウ	〔共通事項〕ア	イ
メッセージ	○	●		○										リズム 強弱 拍の流れ 問いと答え	
♪ロンドンばし／小犬のビンゴ		●										●			
◎かくれんぼ	●	●	○	●											
はしの 上で	○	●	○	○										音色 リズム 旋律 強弱 拍の流れ	
♪トルコ こうしんきょく											●	●	●		
たぬきの たいこ	○	●	○	○											
かっこう	●	●	○	○	●	○	●	○							
♪メヌエット											○	●	○		
☆かえるの 音あそび									●	○				音色 リズム 旋律 拍の流れ フレーズ 反復 問いと答え	
かえるの がっしょう	●	○	●	●		●	●								
♪ドレミの うた		●		●							●				
ドレミの まねっこ	●		○												
ドレミで あそぼ	●				●	●	●								
☆せんりつあそび									○	○					
この 空 とぼう	○	○		○	○	○	○							リズム 旋律 拍の流れ フレーズ 反復	4分音符 4分休符 8分音符 8分休符
いるかは ざんぶらこ	○	●	○	○	○	○	○								
山の ポルカ	●	○		○	●	●	●	○							
☆おまつりの 音楽									○	●					
かぼちゃ	○	○	○	●	●	●	●							音色 リズム 強弱	
◎虫の こえ	○	●	●	○	●	●									
☆がっきで おはなし									●	●				音色 リズム 強弱 拍の流れ 反復 問いと答え	2分音符
♪だがっき パーティー												●			
♪人形の ゆめと 目ざめ											●	●	●	音色, 速度 旋律 強弱 拍の流れ フレーズ 反復	
◎夕やけこやけ	○	●	●	○											
海と おひさま	○	●	●	○											
小ぎつね	●	●	●	●	●	○	●	○							
♪ずいずい ずっころばし／あんたがた どこさ		●									●		○	リズム 旋律 拍の流れ 反復	
なべ なべ そこ ぬけ		●				○									
☆ばんそうあそび									○	○		●			
〔国歌〕きみがよ	●			●											
♪こうしんきょく											●	●	●	音色, リズム 旋律 拍の流れ フレーズ 反復 問いと答え	
どこかで	○	●	●	○											
ぷっかり くじら	●	●	●	○	●	○	●	●							
こぐまの 二月	●	○	●	○	●	○									
◎はるが きた	●	●	●	●											

違う高さの声を重ねたり，つないだりします。音の高い，低いを理解し，基準の音より高いのか，低いのかを理解できるようになると，音色の学習でウッドブロックの音の高さの違いを感じたり，様々な楽器を音の高さ順に演奏することができるようになったり，音を重ねることができるようになります。

上の音に行くのか，下の音に行くのかを意識させます。音の高さを意識した旋律づくりは5年生での「音階の音で旋律づくり」につながります。

拍節的なリズムづくりです。音符の長さをおまつりの言葉に置き換えてつくります。繰り返しを使うことによりまとまりのあるリズムをつくったり，自分のつくったリズムを拍に合わせて演奏したりすることができるようにします。

即興的なリズム打ち，リズムの模倣などを常時活動で繰り返し行うと，問いと答えを使った音楽づくりにつながります。

打楽器の音の高さの違いを感じ取り，リズムのつなぎ方や重ね方を考えます。リズムの学習を経験済みなので，既習の活動を踏まえて，音色を生かしたリズムづくりをすることができます。3年生の「まほうの音楽」や4年生の「打楽器の音楽」につながる活動です。

拍節的な繰り返しのリズムを使って演奏します。「おまつりの音楽」で使ったリズムにミソラの音を当てはめてつくることもできます。

小学校 第3学年　年間学習指導計画

扱い月	扱い時数 合計60	題材名	題材のねらい	主な学習内容
4・5	8	明るい歌声をひびかせよう	▶ハ長調の楽譜に親しみ，音程に気を付けて階名で視唱したり，視奏したりして，読譜に慣れる。 ▶自然で無理のない歌い方に親しみ，友達と一緒に歌う楽しさを味わう。	音の高さに気を付けて，明るい声で歌う。 音の高さに気を付けて，明るい声で歌ったり，階名で歌ったりする。 楽器で旋律をつくったり，楽器と一緒に明るい声で歌ったりする。 拍の流れを感じ取って，明るくのびのびと歌う。
6・7	9	リコーダーとなかよしになろう	▶リコーダーに親しみながら，その音色を感じ取ったり，基本的な演奏の仕方を身に付けたりする。	リコーダーに親しみ，その扱い方に慣れる。 音の出し方に気を付けて，シラソの運指を覚えて演奏する。 歌に合わせて，音の出し方に気を付けながら，リコーダーを演奏する。 タンギングと息の強さに気を付けて，ソ～レを演奏する。
9	6	拍のながれにのってリズムをかんじとろう	▶拍子やリズムの特徴を感じ取りながら，拍の流れにのって表現する。	旋律のリズムの違いを感じ取って，4分の2拍子の拍の流れを感じ取って演奏する。 日本に古くから伝わる歌の雰囲気を感じ取り，拍子やリズムの特徴を生かして歌う。
10	4	リズムパターンでつくろう	▶リズムパターンの特徴を聴き取り，拍の流れを感じ取って，反復や変化を生かしたリズムアンサンブルをつくる。	反復や変化を使って，まとまりのあるリズムをつくり，そのリズムを組み合わせて，体を使った音によるリズムアンサンブルをつくる。
11	9	せんりつのとくちょうをかんじとろう	▶旋律の特徴を感じ取りながら，曲想とその変化を感じ取って聴いたり，楽曲を聴いて感じ取ったことを言葉で表すなどして，楽曲の特徴や演奏のよさに気付いたりする。 ▶旋律の特徴を生かして，曲想にふさわしい表現を工夫しながら，思いや意図をもって歌ったり演奏したりする。	旋律の動きに気を付けて歌ったり演奏したりする。 旋律の動きやリズムに気を付けて聴く。 旋律のリズムや動き，反復や変化を感じ取って演奏する。 旋律の動きやリズム，曲の山を感じ取って，階名唱したりのびのびと歌詞唱したりする。
12	9	いろいろな音のひびきをかんじとろう	▶楽器の音の特徴や音色の違いを生かして，イメージに合う音を即興的に表現したり，反復などの音楽の仕組みを生かしてまとまりのある音楽をつくったりする。 ▶楽器の音の特徴や音色の違いを感じ取りながら，互いの楽器の音を聴いて音を合わせて演奏したり，楽曲の構造に気を付けて聴いたりする。	つくった「まほうの音楽」を加えて歌う。 音の特徴や音色の違いを生かして，音楽をつくる。 重なり合う音の響き合いを感じ取って演奏する。 トランペットとホルンの響きの違いを感じ取り，旋律の反復に気付いて聴く。
1	6	日本の音楽に親しもう	▶日本の音楽の雰囲気や特徴を感じ取りながら，お囃子の音楽を聴いたり旋律をつくったりして，我が国や郷土に伝わる音楽に親しむ。	日本の楽器の音に親しみ，その響きを味わって聴く。 お囃子の雰囲気を感じ取り，3つの音で，お囃子の旋律をつくる。
2・3	9	音を合わせて楽しもう	▶旋律や音が重なり合う面白さに関心をもち，互いの歌声や楽器の音を聴いて，声や音を合わせて演奏する。 ▶旋律の重なりや強弱の変化を感じ取り，楽曲の構造に気を付けて聴く。	旋律が重なり合うよさや面白さを感じ取って聴いたり，声を合わせて歌ったりする。 互いの音を聴き合い，重なり合う響きを感じ取りながら合奏する。 世代を超えて歌い継いでいきたい日本の歌を，気持ちを込めて歌う。 古くから伝わる日本の歌に関心をもって，のびのびと歌う。

◎…共通教材　♪…鑑賞　☆…音楽づくり　●…主となる内容　○…関連する内容

音楽づくりのポイント

教材名	A表現 歌唱 ア	イ	ウ	エ	A表現 器楽 ア	イ	ウ	エ	音楽づくり ア	イ	B鑑賞 鑑賞 ア	イ	ウ	〔共通事項〕 ア	イ
ドレミで歌おう	●		●	○	●									音色 旋律 強弱 音階 拍の流れ フレーズ	ト音記号 五線と加線 縦線 終止線 ブレス
◎春の小川	●	○	●												
海風きって	●		●	○				○							
☆せんりつづくり									○	●					
◎茶つみ／友だち		○	●												
♪小鳥のために							●				●			音色 旋律 音の重なり 拍の流れ	付点2分音符 4分の4拍子 付点4分音符
ステップ1・2・3／小さな花			○			●	●		●						
とどけよう このゆめを			○	●	○	●	●								
♪きらきら星											●	●			
坂道／雨上がり／かり かり わたれ						●	●								
そよ風						●	●	○							
ゆかいな木きん	●	○		●	●	○	●	●						音色, リズム 旋律 音の重なり 拍の流れ フレーズ 反復 問いと答え	4分の2拍子
◎うさぎ	○	●	○												
☆体を使った音によるリズムづくり									●	●				音色, リズム 拍の流れ フレーズ 反復, 変化	
あの雲のように	○	●	●	○	●	●	●	○	○					音色, リズム 旋律 音の重なり 拍の流れ フレーズ 反復, 変化	4分の3拍子 タイ
♪メヌエット											○	●	●		
山のポルカ					●	●	○	○							
◎ふじ山	●	●	●												
おかしのすきな まほう使い		●												音色, リズム 旋律, 強弱 音の重なり 拍の流れ 反復	
☆まほうの音楽									●	●					
パフ	●	○			●	●	●	●							
♪トランペットふきの休日／アレグロ											●	●	○	問いと答え 変化	
♪神田囃子／花輪ばやし／小倉祇園太鼓											●	○	●	音色, リズム 速度, 旋律 拍の流れ フレーズ 反復, 変化	
☆ラドレの音でせんりつづくり									●	●					
歌おう 声高く		●	○	●										音色 旋律 強弱 音の重なり 反復 変化	
♪かね											○	●	●		
エーデルワイス					○	●	○	●							
どこかで春が／ゆりかごの歌／七つの子 〔国歌〕君が代	○	●	●												

ハ長調の音階の音から、与えられた音をつないで、終わる感じの旋律をつくります。これは、2年生で行った旋律遊びの発展であり、4年生の旋律づくりや6年生の和音の構成音からつくる旋律づくりにつながります。

タンギング唱で即興的にリズムや旋律を表現したり、教師の吹くリコーダーの音色や運指を模倣したり、即興的につくったりしながら、学習を進めると効果的です。2年生の「旋律遊び」を応用して、"ソ"のリズム遊び、"ソ・ラ"の旋律遊びなどを思い起こして音楽づくりの活動を器楽の学びに活用します。

前題材で学んだ、拍の流れを感じ取って演奏するよさや面白さを、つくる学習でも生かすように展開します。また、ボディーパーカッションの音色にも気付きながら表現します。ここでつくったリズムは、「まほうの音楽」に生かしたり、「ラドレの音でせんりつづくり」に活用したりすることもできます。

「音色」に着目して、音楽づくりを進めます。「まほうの音楽」という、魅力的なテーマですが、単なる効果音的な音づくりに終わらないように、音楽の仕組みを生かしたり、「はじめ・中・終わり」の構成をはっきりさせてつくったりすると、どのようにつくるかが明確になります。

「音を図形で表す」ことで、様々な記譜の方法も学んでいきます。この学習は低学年での「ほしぞらの おんがく」や「がっきで おはなし」から発展し、高学年の「リズムアンサンブル」につながります。

「リズムパターンでつくろう」でつくったリズムを思い起こし、そのリズムを変化させて、旋律をつくることもできます。友達のリズムとつなげるだけでなく、おはやしの旋律で模倣や会話などを楽しみ、グループごとに「おはやしの旋律」をつくることもできます。

小学校 第4学年　年間学習指導計画

扱い月	扱い時数 合計60	題材名	題材のねらい	主な学習内容
4〜5	8	明るい歌声をひびかせよう	▶音程やリズムに気を付けて階名で視唱したり，視奏したりしてハ長調の楽譜の読譜に慣れたり，呼吸や発音の仕方に気を付けて自然で無理のない歌い方で歌ったりする。 ▶歌声の掛け合いや重なりに気を付けて聴き，想像したことや感じ取ったことを言葉で表すなどして，楽曲の特徴や演奏のよさに気付く。	長調の音階について知り，音の高さやリズムに気を付けて階名唱したり，曲の気分を感じ取って明るい声で歌ったりする。 男声と女声の歌声の掛け合いや重なりの面白さを感じ取りながら聴く。 主な旋律と副次的な旋律を合わせて重なり合う響きを感じ取りながら演奏する。 音の選び方を工夫して，「せんりつづくり」をする。
6〜7	10	拍の流れにのってリズムを感じ取ろう	▶拍子やリズムの特徴を感じ取りながら，拍の流れにのって表現する。 ▶リズムの組合せを工夫したり，反復，問いと答え，変化などの音楽の仕組みを生かしたりして言葉のリズムアンサンブルをつくる。	旋律の特徴や打楽器のリズム伴奏の面白さを感じ取りながら歌う。 打楽器の音色やリズムの特徴を感じ取って聴く。 反復，問いと答え，変化を使って，言葉のリズムアンサンブルをつくる。 歌詞の情景を思い浮かべ，歌詞の内容や曲想にふさわしい歌い方で歌う。 8分の6拍子の拍の流れを感じ取りながら歌う。
9〜10	8	せんりつのとくちょうを感じ取ろう	▶旋律の特徴にふさわしい歌い方や演奏の仕方を身に付け，曲想にふさわしい表現を工夫しながら思いや意図をもって歌ったり演奏したりする。 ▶旋律の特徴や曲想を感じ取りながら音楽を聴き，感じ取ったことを言葉で表すなどして，楽曲の特徴や演奏のよさに気付く。	旋律の特徴にふさわしい表現を工夫して演奏する。 旋律の特徴を生かして二部合唱する。 歌詞の内容や旋律の特徴に合う強弱を工夫して歌う。 楽器の音色，旋律の特徴などが醸し出す曲想とその変化を感じ取って聴く。
11	8	せんりつの重なりを感じ取ろう	▶旋律が重なり合う響きを感じ取りながら，旋律の特徴を生かした歌い方や演奏の仕方を工夫したり，互いの歌声を聴いて声を合わせて歌ったりする。 ▶旋律の特徴，旋律の反復や重なりによる曲想とその変化を感じ取り，楽曲の構造に気を付けて聴く。	旋律が重なり合う響きを感じ取りながら，声を合わせて歌う。 旋律の重なりや掛け合いが生み出す響きの面白さや美しさを感じ取りながら聴く。 サミングの演奏の仕方を知り，音色に気を付けながらリコーダーを演奏する。 友達の歌声や副次的な旋律を聴きながら，自分の声を合わせて，曲想にふさわしい表現で歌う。
12	7	いろいろな音のひびきを感じ取ろう	▶楽器の音の特徴や音色の違い，旋律の特徴を感じ取りながら聴いたり，互いの楽器の音や副次的な旋律，伴奏を聴いて音を合わせて演奏したりする。	フルートとクラリネットの音色の美しさや旋律の特徴を感じ取って聴く。 楽器の組合せを工夫して，歌と合わせて演奏する。 各パートの音量のバランスに気を付け，拍の流れを感じ取って合奏する。
12	4	打楽器の音楽をつくろう	▶図形を手掛かりとし，打楽器の音の特徴や音色から発想を得て，音楽の仕組みを生かしたまとまりのある音楽をつくったり，楽曲の特徴や演奏のよさに気付いて聴いたりする。	打楽器の音の特徴や音色から発想を得て，即興的に表現したり，音の重ね方，反復や問いと答え，変化を生かしてグループの音楽をつくったりする。 打楽器アンサンブルの演奏のよさや面白さを感じ取って聴く。
1〜2	9	日本の音楽に親しもう	▶日本の音楽の雰囲気や特徴を感じ取りながら，民謡を聴いたり表現したりして，我が国や郷土に伝わる音楽に親しむ。 ▶日本の旋律の特徴を感じ取り，音を音楽に構成する過程を大切にしながらまとまりのある旋律をつくる。	郷土の音楽の背景を知り，旋律やリズムの特徴，曲想を感じ取って聴く。 曲の感じをつかみ，旋律の特徴を感じ取って歌う。 つくったリズムと5つの音を使って，お囃子の旋律をつくる。 歌詞を理解し，情景を想像して歌う。 箏の音色の特徴，楽曲全体にわたる曲想とその変化を感じ取って聴く。 日本の旋律の特徴を感じ取って歌う。
3	6	曲の気分を感じ取ろう	▶歌詞の内容や曲想にふさわしい表現を工夫して，思いや意図をもって演奏したり，曲想とその変化を感じ取って想像豊かに聴いたりする。	歌詞の内容や旋律の特徴に合う歌い方を工夫する。 旋律が重なり合う響きの美しさを感じ取りながら二重奏する。 速度や強弱による変化を感じ取って聴く。

第2章　見通しをもった授業で学びを深める

◎…共通教材　♪…鑑賞　☆…音楽づくり　●…主となる内容　○…関連する内容

音楽づくりのポイント

教材名	A表現 歌唱 ア	イ	ウ	エ	器楽 ア	イ	ウ	エ	音楽づくり ア	イ	B鑑賞 鑑賞 ア	イ	ウ	〔共通事項〕 ア	イ
いいこと ありそう	●	○	●	○	○			○						音色, リズム 旋律 音の重なり 音階, 調 フレーズ 問いと答え	付点 8分音符 16分音符
♪パパゲーノとパパゲーナの二重唱											●	●	●		
歌のにじ	●	○	●	●	●	○	○	○							
☆せんりつづくり							○		○						
いろんな木の実	○	○	○		○	●	●	●						音色, リズム 旋律, 強弱 音の重なり 拍の流れ フレーズ 反復 問いと答え 変化	リピート記号 8分の 6拍子 p mp mf < >
♪ブラジル											○	○	○		
☆言葉でリズムアンサンブル									●	●					
◎まきばの朝	●	●	○	○											
風のメロディー	●	●	○	○											
陽気な船長／せいじゃの行進					●	●	●	○						音色, 速度 旋律, 強弱 音の重なり フレーズ 反復 問いと答え	スタッカート 1番かっこ 2番かっこ f
ゆかいに歩けば	●	●	●	○											
◎とんび	●	●	●	○											
♪白鳥 ♪美しきロスマリン											●	●	●		
パレード ホッホー	○	○	○	●										音色, 旋律 音の重なり フレーズ 反復 変化	
♪ファランドール											●	●	●		
雨の公園／ハッピー バースデイ トゥ ユー	○				●		●	●							
◎もみじ	○	●	●	●											
♪メヌエット／クラリネット ポルカ											●	●	○	音色, リズム 旋律, 強弱 音の重なり 拍の流れ フレーズ 反復	シャープ
音のカーニバル	○				○	●	○	●							
茶色の小びん	○				●	●	●	●							
☆打楽器の音楽									●	●				音色, 強弱 音の重なり 反復 問いと答え 変化	
♪ズールー ウエルカム												●	●		
♪ソーラン節／南部牛追い歌 ♪トラジ打令／小さな淡黄色の馬											●	●	●	音色, リズム 速度, 旋律 音の重なり 音階 拍の流れ フレーズ 反復, 変化	
こきりこ	○	●	●	○	○	●	○	○							
☆ミソラドレの音でせんりつづくり							○			●					
◎さくら さくら	○	●	●	○											
♪さくら さくら											●	○	○		
〔国歌〕君が代	○	●	●	○											
赤いやねの家	○	●	●	○										音色, 速度 旋律, 強弱 音の重なり 拍の流れ フレーズ 反復, 変化	
オーラ リー					●	●	●	●							
♪山の魔王の宮殿にて ♪つるぎのまい											●	●	●		

「歌のにじ」の旋律に合う和音から音を選んで，副次的な旋律をつくります。与えられた音から選ぶため，無理なく取り組むことができます。この活動は，5年生での「音階の音で旋律づくり」や6年生での「和音の音で旋律づくり」の学習につながります。

4文字の言葉のリズムを縮小したり拡大したりして言葉のリズムの面白さを感じ取ったり，二つのグループに分かれて反復や変化を生かしたリズムアンサンブルをつくったりします。

反復や変化など音楽の仕組みを生かした音楽づくりは，「打楽器の音楽」や高学年の「リズムアンサンブルづくり」に発展していきます。

低学年の「ほしぞらの おんがく」「がっきで おはなし」，3年生の「まほうの音楽」から発展した，「音色」に着目した音楽づくりです。打楽器の音色を生かした音の組合せを工夫します。

図形カードを楽譜のように使うことで，反復，問いと答え，変化などの音楽の仕組みを視覚で確認しながら構成を工夫することができます。音楽の仕組みの働きを感じ取りやすく，高学年の「リズムアンサンブルづくり」で応用することができます。

3年生で行った「ラドレの音でせんりつづくり」の発展です。五音音階から音を選んで旋律をつくり，日本の旋律の特徴を感じ取ります。音符カードから選んで旋律のリズムをつくったり，つくった旋律を記譜したりすることで，読譜や記譜の力も身に付きます。

小学校 第5学年　年間学習指導計画

扱い月	扱い時数 合計50	題材名	題材のねらい	主な学習内容
4	4	ゆたかな歌声をひびかせよう	▶音程やリズムに気を付けて視唱したり，曲想を生かしながら自然で無理のない歌い方で歌ったりする。	旋律と伴奏の関わりが生み出すよさを感じ取って，明るく響きのある声で歌う。
				歌詞の内容や旋律の特徴から感じ取った気分を生かして，明るく響きのある声で歌う。
5 6 7	13	いろいろな音のひびきを味わおう	▶楽器の音の特徴や音色の違い，旋律と旋律，旋律と伴奏が重なり合う響きを味わって聴いたり，演奏したりする。 ▶楽器の音色や音が組み合わさる響き，音楽の仕組みを生かして，音楽をつくったり演奏したりする。	短調の音階について知り，短調の響きを感じ取りながらリコーダーで二部合奏する。
				旋律の重なり方の違いを生かした表現を工夫して二部合唱する。
				楽器の音が重なり合う響きの変化を生かし，パートの重ね方を工夫して演奏する。
				旋律の重なり方の変化に着目し，楽器の音色や響きを味わいながら聴く。
				打楽器の音色を生かし，反復や問いと答え，音楽の縦と横の関係を生かして，リズムアンサンブルをつくる。
9 10	6	和音の美しさを味わおう	▶Ⅰ，Ⅳ，Ⅴなどの和音の違いを感じ取って演奏したり，和音の響きの変化を感じ取って歌ったりする。	長調の和音について知り，和音と低音の移り変わりを感じ取りながら演奏する。
				和音の移り変わりや，斉唱と合唱の響きの違いを感じ取りながら合唱する。
10 11	7	曲想を味わおう	▶言葉の感じや曲想にふさわしい表現を工夫して，思いや意図をもって演奏する。 ▶曲想とその変化を感じ取りながら，楽曲の構造に気を付けて聴く。	曲想とその変化を感じ取って聴いたり，鑑賞曲の一部を合奏したりする。
				歌詞と旋律や強弱との関わりに気を付け，語感や曲想を生かして歌う。
				旋律の掛け合いや曲想の変化を感じ取り，楽器や旋律の特徴を生かして合奏する。
12	6	詩と音楽を味わおう	▶言葉の感じと旋律とが一体となって生み出す日本歌曲の美しさを味わいながら聴いたり，歌ったりする。	日本語の語感や演奏者の表現の工夫，声の種類や演奏形態の違いを味わって聴く。
				歌詞の表す情景を想像し，旋律の特徴や強弱記号に気を付けて歌う。
				旋律やリズムの特徴，フレーズを生かした表現を工夫して歌う。
1	4	日本と世界の音楽に親しもう	▶日本や世界の国々の音楽のよさや，声や楽器の響きの美しさを味わい，それらの特徴を感じ取って聴く。 ▶日本の旋律のもつ特徴や美しさや世界の国の音楽のよさを感じ取りながら歌う。	箏と尺八の音色に親しみ，旋律の関わり合いに気を付けて聴く。
				日本の旋律や音階の特徴を感じ取り，声の出し方に気を付けて歌う。
				世界の国々に伝わる，様々な声による音楽を味わって聴く。
2	3	日本の音階で旋律をつくろう	▶日本の旋律のもつ特徴や美しさを感じ取りながら，音楽の仕組みを生かし，見通しをもって日本の音階で旋律をつくる。	与えられた音階の音とリズムを使って短い旋律をつくり，それを組み合わせて4小節の旋律をつくる。
3	7	心をこめて表現しよう	▶歌詞の内容や曲想にふさわしい表現を工夫して，思いや意図をもって響きのある声や音で演奏する。	歌詞の内容や旋律の特徴，強弱記号を参考に表現を工夫し，表情豊かに歌う。
				旋律の重なりやその変化の美しさを味わいながら二重奏する。
				歌詞の表す気持ちを想像し，強弱記号や曲の山を生かして，心を込めて歌う。

◎…共通教材　♪…鑑賞　☆…音楽づくり　●…主となる内容　○…関連する内容

音楽づくりのポイント

教材名	A表現 歌唱 ア	イ	ウ	エ	A表現 器楽 ア	イ	ウ	エ	A表現 音楽づくり ア	イ	B鑑賞 鑑賞 ア	イ	ウ	〔共通事項〕ア	イ
すてきな一歩	●	●	●	●										音色, リズム 旋律, 強弱 音の重なり フレーズ 変化	
◎こいのぼり	○	●	●												アクセント ヘ音記号
小さな約束					●	●	●	●						音色, リズム 旋律, 強弱 音の重なり	
いつでもあの海は	○	●	●	●										音階, 調 拍の流れ フレーズ	
リボンのおどり(ラ バンバ)	○				●	●	●	●						反復 問いと答え 変化	
♪アイネ クライネ ナハトムジーク 第1楽章 ♪双頭のわしの旗の下に											○	●	●		
☆リズムを選んでアンサンブル									●	●				音楽の縦と 横の関係	
静かにねむれ	●	○	○	○	●	○	○	●						旋律 音の重なり 和声の響き	全音符
こげよ マイケル (Michael, row the boat ashore)	●	○	●	●	○			○							
♪威風堂々 第1番					○	○	○	○			●	●	●	音色, リズム 速度, 旋律 強弱 音の重なり 和声の響き 拍の流れ フレーズ 反復, 変化 問いと答え 音楽の縦と 横の関係	フラット ナチュラル
まっかな秋	○	●	●	○											
キリマンジャロ					●	●	●	●							
♪山田耕筰の歌曲 (待ちぼうけ／赤とんぼ／この道)	○										●	●	●	音色, リズム 速度, 旋律 強弱 フレーズ 反復, 変化	
◎冬げしき	○	●	●	●											
◎スキーの歌	○	●	●	○											
♪春の海											●	●	●	音色, リズム 旋律, 音階 拍の流れ 反復 問いと答え 変化	
◎子もり歌	●	●	○	○											
〔国歌〕君が代	○	●	●	○											
♪声による世界の国々の音楽											●	○	●		
☆音階の音で旋律づくり									●	●				リズム, 旋律, 音階 拍の流れ 反復 問いと答え 変化	
小さな鳥の 小さな夢	○	●	●	●										音色, 旋律 強弱 音の重なり 調, 拍の流れ フレーズ 変化	スラー
失われた歌					●	●	●	●							
大空がむかえる朝／ほたるの光	○	●	●	●										音楽の縦と 横の関係	

器楽や鑑賞の学習により，いろいろな楽器の音が重なり合う響きを感じ取ります。リズムの重ね方や組合せ方の方法として，反復，問いと答え，変化などの音楽の仕組みが用いられていることから音楽づくりに活用できます。

これまでの器楽や鑑賞の学習から，音楽の仕組みを取り入れてリズムアンサンブルをつくります。友達の演奏を聴き取り，見通しをもってまとまりのある音楽に仕上げていくことは，旋律づくりにも生かすことができます。

和音の響きや旋律の音の動き方を感じ取ることで，後に日本の音階の旋律にふれる際に，その違いを感じ取ることができます。また，まとまりのある音楽にするために終わりの音が大切であることに気付くことができます。

日本語のイントネーションや，音の上がり下がりから旋律の音の動きについて学習します。日本の音階の旋律づくりに活用することができます。

「春の海」の鑑賞では，日本の音楽の特徴やよさを感じ取るとともに，旋律を図形楽譜などで表すことで，問いと答えなどの音楽の仕組みが取り入れられていることに着目します。鑑賞と音楽づくりとの関連付けも大切な内容です。

「さくら さくら」に使われている「日本の音階」による音楽づくりです。リズムと，終わりの音は固定し，旋律を意識して音楽づくりをします。
旋律の音の動きや音楽の仕組みの反復や問いと答えなどを効果的に用います。

小学校 第6学年　年間学習指導計画

扱い月	扱い時数 合計50	題材名	題材のねらい	主な学習内容
4 5	6	豊かな歌声を ひびかせよう	▶音程やリズムに気を付けて視唱したり，曲想にふさわしい歌い方を工夫して思いや意図をもって歌ったりする。	歌詞の内容や強弱記号を参考にし，曲想に合う表現を工夫して歌う。
				旋律やフレーズ，強弱の変化から曲想を感じ取り， 旋律の特徴や語感を生かして歌う。
				強弱記号や速度記号に着目し，曲想にふさわしい表現を工夫して歌う。
6 7	9	いろいろな 音のひびきを 味わおう	▶パートの役割や楽器の特徴を生かして全体の響きを味わって演奏したり，楽器の組合せから生まれる響きの美しさを味わって聴いたりする。 ▶楽器の音色やリズム，音楽の仕組みを生かして，音楽をつくったり演奏したりする。	パートの役割や楽器の特徴を生かし，各パートの音や全体の響きを聴いて合奏する。
				拍子の違いと，旋律や曲想の変化に気を付けて聴く。
				オーケストラの様々な楽器の響きや曲想の変化を聴き取り，楽曲の構造を理解して聴く。
				歌詞の表す情景や語感を感じ取り，旋律の音の動きや強弱の変化を生かして歌う。
				打楽器の音色を生かし，反復や問いと答え，音楽の縦と横の関係を生かして，リズムアンサンブルをつくる。
9 10	8	和音の 美しさを 味わおう	▶和音の響きの変化を感じ取りながら，各声部の歌声や楽器，全体の響き，伴奏を聴いて合唱したり合奏したりする。 ▶和音に含まれる音を用いて，まとまりのある旋律をつくる。	互いのパートの声を聴き合い， 和音の響きの移り変わりを感じ取りながら合唱する。
				短調の和音について知り， 長調と短調の和音の響きの違いを感じ取って合奏する。
				和音に含まれる音を使って，まとまりのある旋律をつくる。
11	7	曲想を 味わおう	▶曲想にふさわしい表現を工夫し，旋律の特徴や重なり方を生かして歌ったり，パートの役割にふさわしい楽器や演奏の仕方で演奏したりする。 ▶曲想とその変化を感じ取りながら，旋律の特徴，反復や変化，強弱や速度などによる楽曲の構造を理解して聴く。	旋律の特徴や重なり方を生かし，互いの声を聴き合って合唱する。
				旋律の反復や変化，速度や強弱の変化の働きが生み出す楽曲のよさを味わって聴く。
				各パートの特徴や役割に合う楽器を選び， 曲想にふさわしい表現を工夫して合奏する。
12	6	詩と音楽を 味わおう	▶歌詞と旋律とが一体となって生み出す曲想を味わいながら聴いたり，思いや意図をもって歌ったりする。	曲に込められた作曲者の思いや曲想を感じ取り，フレーズや語感を生かして歌う。
				歌詞と旋律が一体となって生み出す曲想や，大人の声による合唱の魅力を味わって聴く。
				歌詞の内容や曲想を生かした表現を工夫して三部合唱する。
1	4	日本と世界の 音楽に親しもう	▶日本に古くから伝わる歌と楽器の音色を味わって，聴いたり歌ったりする。 ▶世界の国々の楽器の音色の特徴や，音楽の雰囲気の違いに気を付けて聴き，諸外国の音楽に親しむ。	日本に古くから伝わるリズムや旋律の特徴を感じ取り， それにふさわしい表現を工夫して歌う。
				日本に古くから伝わる楽器の音色を味わって聴く。
				日本の旋律や音階の特徴を感じ取り，声の出し方に気を付けて歌う。
				世界の国々に伝わる，様々な楽器による音楽を味わって聴く。
2	4	いろいろな 声を重ねて 音楽をつくろう	▶呼吸及び発音の仕方で変わる声の音色や響きの違いを感じ取りながら声を組み合わせ，反復，問いと答え，変化，音楽の縦と横の関係を生かし，全体の見通しをもって音楽をつくる。 ▶様々な声の表現の多様性や豊かさ，演奏者による表現の違いを感じ取って音楽を聴く。	いろいろな発声や発音の仕方を試して声の音色を探り， 全体の構成に見通しをもって，声を使った音楽をつくる。
				様々な声の表現による音楽を聴き，声の表現の多様性や豊かさを味わう。
3	6	心をこめて 表現しよう	▶歌詞の内容や曲想にふさわしい表現を工夫して，思いや意図をもって響きのある声や音で演奏する。	歌詞に込められた思いを大切にしながら，響きのある声で二部合唱する。
				旋律の関わり合いの美しさを生かし， 互いの音を聴き合いながら心を込めて二重奏する。
				歌詞の表す気持ちを想像し，強弱記号や曲の山を生かして，心を込めて歌う。

◎…共通教材　♪…鑑賞　☆…音楽づくり　●…主となる内容　○…関連する内容

音楽づくりのポイント

教材名	A表現 歌唱 ア	イ	ウ	エ	A表現 器楽 ア	イ	ウ	エ	A表現 音楽づくり ア	イ	B鑑賞 鑑賞 ア	イ	〔共通事項〕 ア	イ
明日という大空	●	●	●	○									音色, リズム 速度, 旋律 強弱, 音の重なり フレーズ 反復, 変化	速度記号
◎おぼろ月夜	●	●	●	●										
星空はいつも	○	●	●	○	○		○	○						
ラバーズ コンチェルト					●	●	●	●					音色, リズム 速度, 旋律 強弱, 音の重なり 拍の流れ フレーズ, 反復 問いと答え, 変化 音楽の縦と 横の関係	
♪メヌエット											●	○		
♪木星											●	●	●	
◎われは海の子	○	●	●	○										
☆リズムをつくってアンサンブル									●	●				
星の世界	●	○	●	●									音色, リズム 旋律, 音の重なり 和声の響き, 調 フレーズ 反復, 変化 音楽の縦と 横の関係	
雨のうた					●	●	●	●						
☆和音の音で旋律づくり									●					
広い空の下で	○	●	●	●									音色, リズム 速度, 旋律 強弱, 音の重なり 反復, 変化	
♪ハンガリー舞曲 第5番											●	●	●	
風を切って	○				●	●	●	●						
思い出のメロディー	○	●	●	●									音色, リズム 旋律, 強弱 音の重なり フレーズ	
♪滝 廉太郎の歌曲(花／箱根八里)	○										●	●	●	
◎ふるさと	●	●	●	●										
◎越天楽今様	●	●	●	○									音色, リズム 速度, 旋律 音階 拍の流れ 反復, 変化	
♪雅楽「越天楽」から											●	○	●	
〔国歌〕君が代	○	●	●	●										
♪楽器による世界の国々の音楽											●	○	●	
☆いろいろな声を 重ねて音楽をつくろう									●	●			音色, リズム 強弱 音の重なり 反復 問いと答え, 変化 音楽の縦と 横の関係	
♪Stripsody／Biography											●	●		
きっと届ける	○	●	●	●									音色, リズム 速度, 旋律, 強弱 音の重なり 和声の響き, 調 拍の流れ, フレーズ 反復, 問いと答え 変化 音楽の縦と 横の関係	
そよ風のデュエット					●	●	●	●						
さよなら友よ／あおげばとうとし	●	●	●	●										

パートの役割を意識し，それに合う楽器を選択して思いや意図をもって合奏を工夫することは，本題材での「リズムをつくってアンサンブル」の際，自分のリズムや楽器がどういう役割で音楽をつくっているのか，見通しをもつ力として働きます。

これまで学んできた楽器の音色を生かすことや，リズムを自分でつくってきた経験を思い起こしながらリズムアンサンブルをつくります。「ラバーズ コンチェルト」で学習したパートの役割にも着目して，音楽の縦と横の関係を織りなしてつくります。これは，小学校での音色とリズムを核とした音楽づくりのまとめの学習であり，中学校での中心的な内容「パートの役割」を考える礎となる学習です。

低学年から行ってきた「楽曲の最後の旋律を音を選んで違う旋律につくりかえる」学習経験をもとに，5年生で学習した和声の響きを関連付けて，和音に合う音を選んで旋律をつくります。2分音符からリズムを変えていったり，経過音を加えたりすると，中学校での創作に生きる学習が展開できます。

言葉と旋律の関わりに着目し，その関わり合いが生み出すよさや美しさを感じ取る学習は，「いろいろな声を重ねて音楽をつくろう」での発音や発声の工夫につながっていきます。また，中学校での言葉に合う旋律をつくる学習を支える内容でもあります。

声の特徴を生かしてつくる6年間の音楽づくりのまとめの学習です。
低学年での言葉遊びや言葉のリズム，中学年での言葉によるリズムアンサンブルから発展し，高学年ならではの音の様々な重なりを意識した音楽づくりです。また，現代音楽にもつながる内容であり，中学校でも求められる音楽文化の多様性にもふれる学習でもあります。

中学校 第1学年　年間学習指導計画

扱い月	扱い時数合計45	題材名	題材のねらい	主な学習内容
4	3	新しい仲間とともに，明るい歌声を響かせよう	▶歌詞の内容や曲想を感じ取り，自分の歌声に留意しながら，新しい仲間と一緒に表現を工夫して歌う。	歌詞の内容や曲想に関心をもち，表現を工夫して歌う。 自分の歌声を確認し，呼吸や響かせ方について知る。
5 6	5	曲の構成を感じ取って，表現を工夫しよう	▶歌詞の内容や曲想を感じ取り，曲の構成を生かし，表現を工夫して演奏する。	曲の構成を感じ取って，歌ったり演奏したりする。 音符や休符，記号の名前を確認する。 簡単なリズムのフレーズをつくり，リズム唱する。 歌詞から情景を思い浮かべ，拍子や強弱を生かして歌う。
7	4	イメージと音楽とのかかわりを感じ取ろう	▶イメージと音楽とのかかわりを感じ取って，そのよさや美しさを味わいながら聴き，言葉で説明するなどする。 ▶表現したい具体的なイメージをもち，音素材の特徴を感じ取り，反復，変化，対照などの構成を工夫しながら場面に合う音楽をつくる。	イメージと音楽を形づくっている要素とのかかわりを感じ取り，それらの働きが生み出すよさなどを味わいながら聴く。 イメージに合う音素材を探し，反復，変化，対照などの構成を生かして音楽をつくる。
7	3	音楽の特徴から情景を想像しよう	▶音楽の特徴を，曲想や背景と関連付けて，そのよさや美しさを味わったり情景を想像したりしながら聴き，言葉で説明するなどする。	ソネットを手掛かりに，曲想の変化を感じ取って聴く。
9 10	6	曲想や全体の響きを感じ取って，表現を工夫しよう	▶リコーダーの特徴をとらえ，基礎的な奏法を身に付け，曲想を感じ取りながら表現を工夫して演奏する。 ▶歌詞の内容や曲想を感じ取り，旋律のまとまりや全体の響きをとらえたり，言葉の特性を生かしたりしながら，表現を工夫して合唱する。	アルトリコーダーの基礎的な奏法を身に付けて演奏する。 アーティキュレーションを工夫してリコーダーで二重奏する。 3拍子の拍の流れやフレーズを感じ取って歌う。 互いのパートの声を聴き合いながら，階名で合唱する。
10	3	詩と音楽とのかかわりを感じ取ろう	▶詩の内容と曲想とのかかわりを感じ取って，そのよさや美しさを味わいながら聴き，言葉で説明するなどする。	詩の内容と曲想とのかかわりを感じ取って，そのよさや美しさを味わって聴く。
11	3	曲想やパートの役割を感じ取って，表現を工夫しよう	▶歌詞の内容や曲想を感じ取り，ヘ音譜表の読み方を覚え，パートの役割や旋律の重なり方を考えながら表現を工夫して合唱する。	ヘ音譜表について復習し，階名や混声合唱で歌う。 歌詞の内容や曲想を感じ取り，拍の流れを感じ取って歌う。
12	6	日本の民謡やアジアの諸民族の音楽の特徴を感じ取って，その魅力を味わおう	▶日本の民謡やアジアの諸民族の音楽の特徴をとらえることで音楽の多様性を感じ取り，そのよさや美しさを味わいながら聴く。 ▶民謡にふさわしい発声により，言葉の特性を生かしながら表現を工夫して歌う。 ▶日本の音階の特徴を感じ取り，表現を工夫しながら簡単な旋律をつくる。	日本の民謡に親しみ，声や楽器の音色，リズム，旋律，形式などに注目して聴く。 アジア各地の音楽に触れ，声や楽器の音色，リズム，速度，旋律などに注目して聴く。 声の音色や節回しの特徴を感じ取って歌う。 日本の音階の特徴を感じ取り，その音を使って旋律をつくる。 日本の旋律や音階の特徴を感じ取って歌う。
1	3	日本の歌のよさや美しさを感じ取って，表現を工夫しよう	▶歌詞の内容や曲想から日本の歌のもつ情緒を感じ取り，情景を思い浮かべながら，表現を工夫して表情豊かに歌う。	作詞者の言葉や歌詞を参考にし，表現を工夫して歌う。 世代を超えて歌い継いでいきたい日本の歌を気持ちを込めて歌う。
2	5	箏曲の特徴を感じ取って，その魅力を味わおう	▶箏曲の特徴と背景とのかかわりをとらえることで音楽の多様性を感じ取り，そのよさや美しさ，箏の音色を味わいながら聴く。 ▶箏の特徴をとらえ，基礎的な奏法を身に付けて演奏する。 ▶箏を平調子に調弦してその音階の特徴を感じ取り，表現を工夫して簡単な旋律をつくる。	箏の音色や奏法に気を付けて箏曲を聴く。 箏の基礎的な奏法を身に付けて演奏する。 箏を平調子に調弦し，その音階の特徴を感じ取って，簡単な旋律をつくる。
3	4	音楽のつくりを生かして	▶「リズム」，「旋律」，「ハ長調の特徴」，「動機をもとにした反復，変化，対照などの構成原理」を知覚し，それらの働きによって生み出される特質や雰囲気を感受し，自分なりのイメージをもってそれらの働きを生かし工夫して，簡単な8小節の一部形式の旋律をつくる。	動機をもとに，反復，変化，対照を用いて簡単な旋律をつくる。

◎…共通教材　♪…鑑賞　☆…創作　◇…器楽教材(中学生の器楽)　●…主となる内容　○…関連する内容

創作のポイント

曲の構成(反復と変化)を感じ取って歌うことで旋律創作の学習で構成を生かした音楽表現を工夫することにつながります。また、フレーズの終わりの音を確認することでハ長調の旋律の続く感じと終わる感じを理解できます。

様々なリズムパターンを交流する中で、それぞれのリズムから生まれるイメージの多様性に気付くことができます。それによって自分のイメージを生かすにはどんなリズムがふさわしいか考えるよりどころが生まれます。

反復、変化、対照などの構成原理について理解しながら、自由に音素材を選べるので自分なりのイメージをより豊かにふくらませることができます。記譜も文字や絵譜で表すことができるので創作に対しての意欲を高めることができます。

魔王が語る場面が転調して長調になっていることに気付くことによって、短調と長調の旋律の違いやそれぞれの特徴を感じ取ることができます。

音選びで十分に試行錯誤することで、日本の音階の特徴をとらえることができます。この後に学習するハ長調の音階との比較にも有効です。3年生で扱うブルー・ノート・スケールの音階を使った旋律創作にもつながります。

平調子に調弦された箏で、簡単な旋律をつくる活動を通して、平調子の音階の特徴を感じ取ることができます。また、箏のいろいろな奏法を用いて、自分のイメージに合わせた音楽をつくり、「さくらさくら」の前奏にする活動で、箏の音色を味わうことができます。

小学校から学習を積み重ねてきたハ長調の音階やフレーズの続く感じ、終わる感じや、問いと答えなど音楽の仕組みや、中学校1年間で学習してきたことがここで生かされます。反復、変化、対照を生かすとまとまりのある旋律になることに気付きながら、自分なりのイメージに合うリズムや音のつながりを試行錯誤して、旋律をつくっていきます。

学習指導要領の内容との関連

教材名	A表現 歌唱			器楽			創作			B鑑賞			主な学習の窓口〔共通事項〕	
	ア	イ	ウ	ア	イ	ウ	ア	イ	ウ	ア	イ	ウ	ア	イ
We'll Find The Way ～はるかな道へ	●	○	○										リズム, 旋律	2分休符
My Voice!	●	○											音色	
主人は冷たい土の中に	●	○	○	○	○	○							リズム, 旋律, 形式, 構成	Andante, フェルマータ, 音階
BINGO GAME														
RHYTHM GAME									○				リズム	拍, 拍子
◎浜辺の歌	●	○											リズム, 旋律, 強弱	(ヘ長調) rit.
♪映画「ジョーズ」から"ジョーズのテーマ"										●			音色, リズム, 速度, 旋律, 強弱	
☆Let's Create!							○	○		●			音色, テクスチュア, 強弱, 形式, 構成	
♪春 —第1楽章—										●	●		音色, 旋律, 強弱, 形式, 構成	
◇アルト リコーダー LESSON 1 (p.3～9)					●								音色, テクスチュア	
◇聖者の行進 (p.50)				●									旋律, テクスチュア	
エーデルワイス	●	○	●										リズム, 旋律	Moderato, 全休符
Michael, Row The Boat Ashore	○	●	●										音色, テクスチュア	
♪魔王										●	○		音色, 旋律, 強弱	
パフ	○	○	●										音色, テクスチュア	(ヘ音譜表, 2分の2拍子)
飛び出そう 未来へ	●	○	○										リズム, 旋律	(ト長調)
♪日本の民謡										○	●	●	音色, リズム, 旋律, 形式, 構成	
♪アジアの諸民族の音楽										○	●	●	音色, リズム, 速度, 旋律	
ソーラン節	○	●	○										音色, 旋律	
☆My Melody	○			○			●						リズム, 旋律	
〔国歌〕君が代	●	○											旋律	
◎赤とんぼ													旋律, 強弱	
歌い継ごう 日本の歌	●	○	●										旋律, テクスチュア, 強弱	a tempo
♪六段の調										○	●	●	音色, 速度, 旋律	序破急
◇虫づくし, 姫松, さくらさくら (p.24～29)					●								音色, 旋律	
◇My Melody (p.30, 31)										●			リズム, 旋律, 形式, 構成	
☆一部形式の旋律創作							●	●					リズム, 旋律, 形式, 構成	動機, ハ長調, 4分音符, 8分音符, 4分休符

中学校 第2学年　年間学習指導計画

扱い月	扱い時数 合計35	題材名	題材のねらい	主な学習内容
4	4	曲想を生かして，表現を工夫しよう	▶歌詞の内容や，前半と後半のリズムや音の重なり方の違いなどから曲想の変化を理解し，曲にふさわしい表現を工夫して歌う。 ▶タンギングやアーティキュレーション，サミングなどのリコーダーの基礎的な奏法を理解し，曲にふさわしい表現を工夫して演奏する。	前半と後半の曲想の変化を生かして歌う。 音符や休符，記号の名前を確認する。 簡単なリズムのフレーズをつくり，リズム唱する。 息づかいや運指に気を付けて，アルトリコーダーを演奏する。
5	4	パートの役割を理解し，曲想を生かして，表現を工夫しよう	▶歌詞の内容や曲想を味わい，音の重なり方やパートの役割を理解し，曲にふさわしい表現を工夫して合唱する。 ▶パートの役割や楽器の特徴を理解し，全体の響きのバランスを考えながら表現を工夫して合奏する。	曲想を感じ取り，パートの役割を理解して合唱する。 息の流れや鼻濁音に気を付けた歌い方について知る。 パートの役割を理解し，全体のバランスに気を付けて合奏する。
6	2	詩と音楽とのかかわりを理解して，表現を工夫しよう	▶歌詞の内容や曲想を味わい，言葉と旋律とのかかわりや，旋律の音の動き，強弱の変化から旋律のまとまりを理解し，情景を思い浮かべながら，曲にふさわしい表現を工夫して合唱する。	強弱や伴奏の変化を感じ取り，語感を生かして歌う。 旋律の音の動きや強弱の変化に注目して歌う。
7	4	曲の構成を理解して，曲想を味わおう	▶曲の構成と曲想とのかかわりを理解して，そのよさや美しさ，オーケストラの響きを味わいながら聴き，根拠をもって批評するなどする。 ▶表現したいイメージをもち，言葉からもととなるリズムをつくり，それらを組み合わせたり反復，変化させたりしながら構成や全体のまとまりを工夫して，リズムアンサンブルをつくる。	曲の構成と曲想のかかわりを理解し，オーケストラの響きを味わって聴く。 言葉をもとにリズムをつくり，構成や全体のまとまりを工夫してリズムアンサンブルをつくる。
9	4	響きの美しさを味わおう	▶諸外国の様々な合唱の特徴から音楽の多様性を理解して，ア カペラによる響きの美しさを味わいながら聴いたり，表現を工夫して合唱したりする。 ▶和音の移り変わりを感じ取って，表現を工夫しながら旋律をつくる。	ア カペラの響きの美しさを味わいながら聴く。 ア カペラの響きの美しさを味わいながら合唱する。 和音に含まれる音を使って旋律をつくり，和音と低音に合わせて演奏する。
10	4	日本の歌やカンツォーネのよさや美しさを味わい，表現を工夫しよう	▶歌詞の内容や曲想から日本の歌やカンツォーネのもつ情緒を味わい，情景を思い浮かべながら，曲にふさわしい表現を工夫して表情豊かに歌う。	歌詞を朗読して語感を味わったり，それを生かして歌ったりする。 旋律や強弱に気を付け，曲にふさわしい表現を工夫して歌う。 地域や他の国との交流，行事などの場面で歌う。
11	2	オペラの特徴を理解して，その魅力を味わおう	▶オペラの音楽の特徴を，文化・歴史や他の芸術とのかかわり，曲想などから理解して，そのよさや美しさを味わいながら聴き，根拠をもって批評するなどする。	オペラに親しみ，声の音色と登場人物の心情のかかわりを想像しながら聴く。
12	3	歌舞伎の特徴を理解して，その魅力を味わおう	▶歌舞伎の音楽の特徴を，文化・歴史や他の芸術とのかかわり，音楽を形づくっている要素などから理解して，そのよさや美しさを味わいながら聴き，根拠をもって批評するなどする。 ▶長唄にふさわしい発声や言葉の特性を理解し，それらを生かしながら表現を工夫して唄う。	歌舞伎に親しみ，声や楽器の音色，節回しなどの特徴を感じ取る。 長唄の声の音色や節回しの特徴を感じ取り，まねて唄う。
1 2	4	日本の郷土芸能や伝統音楽の特徴を理解して，その魅力を味わおう	▶様々な郷土芸能の音楽の特徴や背景をとらえることで音楽の多様性を理解し，そのよさや美しさを味わいながら聴く。 ▶箏の特徴やいろいろな奏法を理解し，曲想や音色を味わいながら，曲にふさわしい表現を工夫して演奏する。	人々の暮らしの中で受け継がれてきた日本の郷土芸能に親しみ，そのよさを味わう。 箏のいろいろな奏法による音色の違いを感じ取り，演奏する。 CDの三味線に合わせて，大鼓や小鼓でリズムを演奏する。
3	4	仲間とともに，表情豊かに合唱しよう	▶歌詞の内容や曲想を味わい，パートの役割と全体の響きとのかかわりを理解し，曲にふさわしい表現を仲間と一緒に工夫して表情豊かに合唱する。	友達と一緒に，曲にふさわしい表現を工夫して合唱する。 指揮について基本的なポイントを知る。

◎…共通教材　♪…鑑賞　☆…創作　◇…器楽教材（中学生の器楽）　●…主となる内容　○…関連する内容

教材名	A表現 歌唱 ア	イ	ウ	A表現 器楽 ア	イ	ウ	A表現 創作 ア	イ	B鑑賞 ア	イ	ウ	主な学習の窓口〔共通事項〕ア	イ
夢の世界を	●	○	○									リズム, テクスチュア, 形式, 構成	
BINGO GAME													
RHYTHM GAME								○				リズム	
◇アルト リコーダー LESSON 2 (p.10〜13)					●							音色, 旋律, テクスチュア	
翼をください	●	○	●									リズム, テクスチュア, 形式, 構成	(変ロ長調) D.C.
My Voice!		○										音色	
◇ラヴァーズ コンチェルト (p.52)					●							音色, リズム, 旋律, テクスチュア, 強弱	
◎夏の思い出	●	○	○									旋律, 強弱	(ニ長調) dim.
夏の日の贈りもの	●	○	●									旋律, 強弱	フレーズ
♪交響曲第5番 ハ短調									●	○	○	音色, リズム, 旋律, 形式, 構成	動機
☆Let's Create!			○	○				●				リズム, テクスチュア, 形式, 構成	
♪ア カペラの合唱曲									○	○	●	音色, テクスチュア	
Kum Ba Yah	○	○	●									音色, テクスチュア	和音
☆My Melody	○			○				●				旋律	
◎荒城の月	●	○										旋律	(ロ短調)
サンタ ルチア	●	●										音色, 旋律, 強弱	
歌い継ごう 日本の歌〔国歌〕君が代	●	○	●									旋律, テクスチュア, 強弱	
♪「アイーダ」から									●	●	○	音色, 旋律, テクスチュア	
♪「勧進帳」から									●	●	●	音色, リズム, 速度, 旋律	
長唄「勧進帳」から	○	●										音色, 旋律	
♪日本の郷土芸能／受け継ごう!郷土の芸能									○	●	●	音色, リズム, 旋律	
◇さくらさくら (p.80)				●	●							音色, 旋律, テクスチュア	
◇「寄せの合方」によるリズムアンサンブル (p.84)				●		●						音色, リズム, 速度, テクスチュア	
心通う合唱	●	○	●									音色, リズム, 速度, 旋律, テクスチュア, 強弱, 形式, 構成	
指揮をしてみよう!	●		●									リズム, 速度, 強弱	

創作のポイント

提示されたリズムパターンを組み合わせて、即興的に音楽をつくる活動です。小学校からのリズム遊びや中学校1年生での創作を思い起こしながら様々なリズムの組合せの面白さを感じ取ることができます。様々なリズムに親しむことは、言葉によるリズムアンサンブルをつくる「Let's Create!」につながります。

パートの役割を理解することは、3年生のジャズの創作で、旋律と対旋律、旋律と伴奏とのかかわりを考えながら創作することにつながります。

構成を工夫して、言葉によるリズムアンサンブルをつくる活動です。言葉からもととなるリズムをつくり、それらを組み合わせたり反復、変化させたりしながら構成や全体のまとまりを工夫して、リズムアンサンブルをつくることは、3年生でのブルー・ノート・スケールを使って1フレーズの旋律をつくり、それらを組み合わせたり反復、変化させたりしながら構成を工夫していく活動につながります。

和音の構成音から音を選択して、旋律を創作します。構成音から音を選択するという活動は、平調子の音階やブルー・ノート・スケールの音階から旋律を選ぶという活動ともつながっています。リズムを変化させて創意工夫することもできます。

器楽合奏の学習に加え、1年生で箏の旋律をつくった経験を思い出し、平調子に調弦された箏で、即興的に旋律づくりを行えば、あらためて平調子の音階の特徴を感じ取ることができます。3年生でブルー・ノート・スケールの音階を使うことがジャズらしい旋律につながっていくことを感じるためのきっかけとなります。

3年生へ

中学校 第3学年　年間学習指導計画

扱い月	扱い時数 合計35	題材名	題材のねらい	主な学習内容
4〜5	4	日本の歌のよさや美しさを味わい、表現を工夫しよう	▶歌詞の内容や曲想から日本の歌のもつ情緒を味わい、情景を思い浮かべながら、曲にふさわしい表現を工夫して表情豊かに歌う。	歌詞と旋律のリズムや強弱の関係に気を付けて歌う。 歌うときの姿勢と呼吸、息の流れ、響かせ方について確認する。 歌詞の内容を理解し、旋律や拍子、強弱などに気を付けて歌う。 音符や休符、記号の名前を確認する。 簡単なリズムのフレーズをつくり、リズム唱する。
6	3	曲想や語感を生かして、表現を工夫しよう	▶曲想を味わい、言葉の特性を理解して、曲にふさわしい表現を工夫して歌う。	調の変化を感じ取り、速度の変化や強弱に気を付けて歌う。 英語の語感を生かしたリズムに注目し、曲にふさわしい表現を工夫して歌う。
7	4	ポピュラー音楽の特徴を理解して、その魅力を味わおう	▶様々なポピュラー音楽の特徴や背景をとらえることで音楽の多様性を理解し、そのよさや美しさを味わいながら聴く。 ▶曲想の変化を味わい、音素材の特徴や構成を生かしてリズム伴奏を考えたり、パートの役割と全体の響きとのかかわりを理解したりして、曲にふさわしい表現を工夫して合奏する。	様々なポピュラー音楽を聴き比べ、それぞれのよさを味わう。 曲の構成を感じ取り、リズム伴奏を工夫して演奏する。 パートの役割を理解し、曲にふさわしい表現を工夫して合奏する。
9	3	パートの役割を理解し、曲想を生かして、表現を工夫しよう	▶歌詞の内容や曲想を味わい、パートの役割や旋律の音の動きを理解し、全体の響きを感じ取りながら表現を工夫して合唱する。	パートの役割や旋律の音の動きを理解して、強弱を工夫して合唱する。 互いのパートの声を聴き合い、ア カペラの響きの美しさを味わいながら合唱する。
10	3	音楽の特徴や背景を理解して、その魅力を味わおう	▶音楽の特徴を、音楽を形づくっている要素や、構造と曲想とのかかわり、背景などから理解して、そのよさや美しさを味わいながら聴き、根拠をもって批評するなどする。	音楽を聴き、その曲の魅力について根拠をもって批評などする。 曲が生まれた背景を理解し、作曲者が託した祖国への思いを感じ取って聴く。
11	6	ジャズブルースで Swing swing swing!	▶スウィング、シンコペーション、3連符などを取り入れて旋律をつくり、反復、変化、対照などの構成を工夫しながら、旋律をつなげたり重ねたりする。 ▶スウィング、シンコペーション、3連符、コール&レスポンスなどのジャズの特徴を知覚し、それらの働きが生み出す特質や雰囲気を感受しながら、ジャズのよさや面白さを味わって聴く。	ブルー・ノート・スケールにジャズアイテムを取り入れて、ジャズらしい旋律をつくったり、友達とその旋律を組み合わせたりして演奏する。 ジャズ特有のリズムの特徴やアドリブの面白さを味わって聴く。
12	4	雅楽や能の特徴を理解して、その魅力を味わおう	▶雅楽や能の音楽の特徴を、文化・歴史や他の芸術とのかかわり、音楽を形づくっている要素などから理解して、そのよさや美しさを味わいながら聴き、根拠をもって批評するなどする。 ▶謡にふさわしい発声や言葉の特性を理解し、それらを生かしながら表現を工夫して謡う。	管絃で用いられる楽器の音色や役割などに注目して雅楽を聴く。 能の特徴や生まれた背景を知り、そのよさを味わって鑑賞する。 謡の模範演奏を聴き、声の音色や節回しをまねて謡う。
1	2	世界の諸民族の音楽の特徴を理解して、その魅力を味わおう	▶世界の諸民族の音楽の特徴や背景をとらえることで音楽の多様性を理解し、そのよさや美しさを味わいながら聴く。	世界の諸民族の音楽を聴き、その多様性やよさ、美しさを味わう。
2	3	仲間とともに、表情豊かに合唱しよう	▶歌詞の内容や曲想を味わい、言葉と旋律とのかかわりやパートの役割と全体の響きとのかかわりを理解し、曲にふさわしい表現を仲間と一緒に工夫して表情豊かに合唱する。	歌詞と旋律のかかわりに注目したり、歌詞の内容と自分の心情を重ね合わせたりして、表現を工夫して歌う。 中学校で学習してきたことを生かし、地域との交流や行事などの場面で歌う。
3	3	ギターで弾き歌いをしよう	▶ギターの基礎的な奏法を生かして、曲想にふさわしい表現を工夫して演奏する。	四つのコードを使い、ストローク奏法で伴奏しながら弾き歌いをする。

◎…共通教材　♪…鑑賞　☆…創作　◇…器楽教材（中学生の器楽）　●…主となる内容　○…関連する内容

教材名	A表現 歌唱 ア	A表現 歌唱 イ	A表現 歌唱 ウ	A表現 器楽 ア	A表現 器楽 イ	A表現 器楽 ウ	A表現 創作 ア	A表現 創作 イ	B鑑賞 ア	B鑑賞 イ	B鑑賞 ウ	主な学習の窓口〔共通事項〕ア	イ
◎花	●	○	○									旋律, 強弱	
My Voice!		○										音色	
◎早春賦	●	○										リズム, 強弱	pp
BINGO GAME													
RHYTHM GAME								○				リズム	
帰れソレントへ	●	○										速度, 旋律, 強弱	調
Yesterday	●	●	○									音色, リズム, 旋律	
♪ポピュラー音楽									○	●	●	音色, リズム, 旋律, テクスチュア	
◇テキーラ(p.54)				●		●	○					音色, リズム, テクスチュア, 形式, 構成	
◇Yesterday(p.74)				●		●						音色, リズム, 旋律, テクスチュア	
風の中の青春	○	○	●									旋律, テクスチュア, 強弱	
フィンランディア	●											音色, テクスチュア	
♪組曲「展覧会の絵」から									●	○	○	音色, リズム, 速度, 旋律, テクスチュア, 強弱, 形式, 構成	
♪ブルタバ(モルダウ)									○	●	○	音色, 速度, 旋律, 強弱	
☆ジャズの旋律創作とアンサンブル							●	●				リズム, 旋律, テクスチュア, 構成	
♪「Take Five」										●		音色, リズム, テクスチュア, 構成	
♪平調「越天楽」―管絃―									●	●	●	音色, 旋律, テクスチュア	
♪「羽衣」から									●	●	●	音色, リズム, 速度, 旋律	
能「羽衣」から	○	●							○			音色, リズム, 旋律	
♪世界の諸民族の音楽									○	●	●	音色, リズム, 速度, 旋律	
きみとともに	●	○	○									旋律, 強弱	
歌い継ごう 日本の歌〔国歌〕君が代	●	○	●									旋律, テクスチュア, 強弱	
◇カントリー ロード(p.21)				●	●	○						リズム, 速度, 強弱	

創作のポイント

提示されたリズムパターンを組み合わせて，即興的に音楽をつくる活動です。小学校からのリズム遊びや中学校1・2年生での創作を思い起こしながら，様々なリズムの組合せの面白さを感じ取ることができます。様々なリズムに親しむことは，「テキーラ」のリズム伴奏の工夫やジャズの創作につながります。

曲の構成を生かしてリズム伴奏を工夫する活動です。「テキーラ」はA，B，Cの三つの部分の組合せで構成されているので，ジャズの創作でブルースのコード進行の仕組みを理解して構成を工夫するときに想起させることで構成をもとに音楽表現を工夫することにつなげることができます。

小学校から積み重ねてきた音楽づくりの活動の集大成ともいえるジャズの創作です。12小節で1コーラスのブルースの構成を生かし，ブルー・ノート・スケールを使って，ジャズ特有のリズムを組み合わせながら，まとまりのある音楽をつくっていきます。

「テキーラ」のリズム伴奏の工夫やジャズの創作を思い起こして，気に入ったストロークを工夫することができます。

第3章 授業の成果を学校生活に生かす

ここでは，音楽づくり・創作の授業で得た成果を，学校全体に発表したり，
いろいろな教科や領域と連携して発展させたりする事例を紹介します。
アクティブ・ラーニングを支える学習課題として，社会と関わりをもつ内容を盛り込もうとする考え方もあり，
本章の内容はまさしくそれに当たるものです。
また，少ない時間で効率よく学ぶことも求められる今日では，教科横断型の学習の視点も必要です。
子供たちの表現の場を広げ，心に残る学びを得られるように，
この機会を生かして，学校内のチームワークを高め，子供たちの学びが深いものになるように努めましょう。

3

授業の成果を学校生活に生かす
――他教科・領域との関連を図った事例――

他教科・領域と関連を図るポイント

　音楽科は，教科としてのねらいや学習内容に沿って授業を行うだけでなく，始業式や入学式に始まり，終業式や卒業式などの儀式的行事，運動会や学習発表会などの体育的・文化的行事，児童・生徒が中心になる集会活動など，音楽なしでは進められないほど，学校全体の活動に深い関わりをもっています。そして，ややもすれば，その準備に時間がかかり，本来身に付けるべき学習内容がおろそかになってしまう危険性をはらんでいます。また，合唱や合奏の準備・練習を中心に考えることで，「音楽づくりをしている時間がない」「音楽づくりは行事に役に立たない」などと言われてしまうことがあります。しかし，これでは，音楽づくりや創作の学習で育てられるべき子供の能力をないがしろにしてしまうことになってしまいます。

　そこで，本章では，音楽づくりを他教科・領域と関連付けることによって，より豊かに学習が展開し，音楽づくりで学んだことやつくり上げた作品を生かすことができる小学校での事例を取り上げ，音楽づくりのさらなる可能性を考えることにしました。音楽科の学習としての音楽づくりが他の教科や領域と関連付けられることによって，自分の作品の価値を子供自身がより一層実感し，さらに作品をよりよくしていく意欲にもつながっていきます。

1│他教科・領域のねらいや学習内容を把握する

　音楽科の学習にねらいや学習内容があるのと同様に，他教科・領域にもねらいや学習内容があります。**それぞれの教科・領域のねらいや学習内容を把握し，関連付ける**ようにしないとそれぞれが充実した学習になりません。

　例えば，図工科で手づくり楽器をつくり，音楽科ではそれを使って音楽づくりをするといった授業がよく行われます。その際，図工科では，形や装飾に創造性を見いだします。

　いっぽう，音楽科では子供のつくった楽器の音がよくなければ，調度品としての価値として扱うしかありません。そもそも，どんな楽器をつくるのかによって，つくる音楽は違ってきます。打楽器，弦楽器，管楽器などの楽器の構造だけでなく，演奏方法によっても違ってくるのです。

　したがって，この場合，理科で学ぶ音の原理について，図工科でも音楽科でも知る必要があります。楽器の制作に当たっては，それらを踏まえたうえで，よりよい音を追求する姿勢が重要です。

　他教科・領域と関連して効果的な学習を展開するには，それぞれの教科・領域が**何を子供に身に付けるようにしているのか**を見極め，音楽科が求めていることを他の教師と共有しながら進めることが大切なのです。

2│学校全体や学年の協力と理解を得る

　それぞれの教科・領域の目指すところを把握し，関連付けて効果的な学習を実現するのは，一人の力では難しいことです。各教科の得意な先生や学年の先生方から協力と理解を得ることによって，他教科・領域と関連付けた音楽科の学習が可能になるのです。特に，学校外の学習

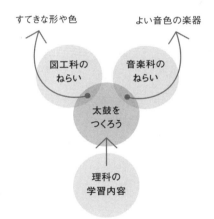

〈素焼きの太鼓で音楽をつくる〉

図工科では，太鼓の胴の形，胴や鼓面の装飾を中心に進めるので，鼓面を張るときには，音を確かめながらできるだけ張りをしっかり伸ばすように図工の教師にお願いした。
（第5学年での実施例）

に関わることや発表の場を設けること，ゲストを迎える学習などは，学校長をはじめ学年・学校全体の理解がなければ成立しません。また，学外へ「音を探しに行こう」などという生活科と関連付けた学習では，保護者や地域の方の協力も必要でしょう。総合的な学習の時間でゲストを迎えるには，学年全体で行ったほうが準備や実施に関しても分担して行うことができます。

3｜時間配分を工夫する

どの教科・領域でも一つの学習にどれくらい時間をかけるかについては，とても気を遣います。他教科・領域と関連付ける際は，教科書や指導書には方法が掲載されていないため，ねらいや学習内容を考慮しながら，どのように扱うか，時間数をどう配分するかについて，学年・学級で考えなければなりません。

音楽科の授業時数は，小学校の中学年は年間60時間，高学年は50時間とたいへん少なくなっています。他教科・領域と関連付けることによって，効率よくかつ効果的に進められるように時間数の配分を考える必要があります。

もし，先の手づくり楽器を作製の段階から音楽科で取り上げたらどうなるでしょうか。やはり図工科と関連付けることが適切だと思われることでしょう。本章の各事例では，各教科・領域で扱った時間数を示していますので，実際に取り組む際の参考にしてください。

4｜年間指導計画に位置付ける

他教科や領域と関連付けると効果的だなと思っても，すぐには実施できないこともあります。なぜなら，学校教育は，計画的に行われていくからです。しかし，子供に自由な発想をもって創造性豊かに暮らしてほしいと願う教師が，計画に縛られ自由な発想で授業を展開できなければ形骸化したつまらないものなってしまいます。したがって，「こうするといい」と考えたときは，学年の合意のうえで，関連する教科・領域の年間指導計画に位置付けていくようにします。さらに，ねらいを明確にした企画案を作成し，学校全体に示しておくのです。

5｜連絡を密に取る

学校全体の協力を得て，地域やゲストにもお世話になるこうした活動は，関係する方たちとの連絡を密に取ることが必要です。ゲストを迎えるケースでは，実際にその方とお会いして，主催者としての意向を伝えたり，ゲストの人となりを理解したうえで実施していただく内容を決めたりすることが大切です。また，会場を音楽室や教室以外に設定したり，時間を変えて行ったりするときは，学校全体に伝えておく必要もあります。

音楽づくりや創作でつくった作品を発表する際は，それらがどのような経過でつくられたか，子供がどんな願いや考えをもってつくったのかが，みなに伝わるように示す工夫をすることも重要です。

つまり，他教科や領域と関連付けた題材を設定するということは，教師自身のコミュニケーション能力と創造力，企画力，実践力を磨くということなのです。

第5学年全体で，韓国の楽器「プク・チャンゴなど」でサムルノリを体験し，「カヤグム」の演奏を聴き，音楽では「自分たちのサムルノリ」づくりを行った。
総合的な学習の時間と家庭科では，「キムチ」について調べたり実際に韓国料理店の方に来ていただき，「キムチづくり」にチャレンジしたりした。

他教科・領域と関連付ける題材例

第1・2学年
「音をさがしに」〈音・生〉
「がっきをつくろう」〈音・図〉
「ふれあいコンサート」〈音・国・図・生〉

第3・4学年
「日本の音楽に親しもう」〈音・国・図・体・総〉
「ふえのなかまの音楽」〈音・理・総〉
「音楽発表会をしよう」〈音・総・特〉

第5・6学年
「アジアや世界の音楽に親しもう」〈音・社・図・家・総〉
「音楽発表会をしよう」〈音・図・総・特〉

「声でつくる」音楽づくり学習と学校行事「わくわくプラン」と関連付けた際のお礼の文例

先日は，●●小学校に来てくださり，ありがとうございました。
子供たちもとても喜んでおり，「歌のすばらしさ」「声の表現の美しさ」を感じ取っていたようです。本当にありがとうございました。来年度は本企画が通るかどうか未定ですが，機会があったら，またいらしてください。今後も子供たちと音楽を創造豊かなものにできるように努めていきます。
学校長や担任からもくれぐれもよろしくとのことでした。子供たちの感想をまとめましたので，読んでいただければ幸いです。
季節柄ご自愛ください。

小学校 第1・2学年	出前コンサート「かえるの国であそぼう」 〜国語科，生活科との関連〜

音楽科のねらい

かえるの鳴き声を使って，音楽をつくったり，旋律を組み合わせたりして，音楽表現を楽しむ。

扱う〔共通事項〕に示された内容

音色，速度，旋律，強弱，拍の流れ，
反復，問いと答え

本事例の特徴

本事例は，音楽科と国語科，生活科の学習を関連付けた内容です。

音楽科で学習し，つくり上げた音楽表現，国語科で学習した詩の群読を，生活科での幼稚園・保育園との連携を図る活動と関連付け，近隣の幼稚園などに「出前コンサート」として出かけます。音楽科では，歌唱・器楽・音楽づくりの学習を組み合わせて一つの作品とし，コンサートの内容を準備します。国語科では，詩の群読を練習し，生活科では，かえるのかぶり物をつくったりコンサート終了後の園児たちとの遊びの計画を立てたりします。

声遊びとして「かえることばで遊ぶ」ことから，様々な声の表情や高さ，強弱，速度などの違いを意識して簡単な言葉のアンサンブルをつくります。また，「かえるの がっしょう」では，輪唱したり，鍵盤ハーモニカの主な旋律に伴奏を加えて演奏したりします。

学習計画

合同練習2時間，コンサートの1時間，遊ぶ時間と往復の時間2時間は，各教科の【 】に示した時間から，音楽科で2時間，国語科で1時間，生活科で2時間取るようにする。

○音楽科【6時間】

- ○声の表情や高さ，速度や強弱を工夫して，「かえることば」で，簡単な言葉のアンサンブルをつくる。
  〈草野心平「勝手なコーラス」を参考につくった例〉
  「るるんぶるるぶ」「カキックカキック」
- ○歌詞の表す様子を思い浮かべながら，声を合わせて「いなかの かえる」を歌う。
- ○互いの声を聴き合いながら「かえるの がっしょう」を輪唱する。
- ○主な旋律を階名で歌ったり，鍵盤ハーモニカで演奏したりする。
- ○バスオルガンや木琴，鉄琴などを使って，低音や和音の伴奏，合いの手などを加えて，演奏する。
- ○「いなかの かえる」「かえることばのアンサンブル」「かえるの がっしょう」をつなげて表現し，発表する。

●国語科【2時間】　□生活科【4時間】

- ●「春のうた」の詩を読み，春の様子やその訪れを喜ぶ気持ちなどを想像しながら読む。
- ●教師の例を参考にし，言葉やその意味を考えて，表現の仕方や群読する人数などを工夫し，どのように表現するか思いを共有しながら群読する。
- ●声の強弱や読む速度に気を付けて，表現を高める。

- □コンサートの計画案を教師と一緒に立てる。
- □園児の名簿を確認して，遊ぶグループを決める。
- □かえるのかぶり物やコンサートプログラムなどを作成する。

○●□当日の流れで練習をする。
[準備など] 前日の練習終了後，教師と子供たちで楽器運びや掲示物などの準備をする。

活動内容やワークシートなどの紹介

「かえるの国であそぼう」の計画案

◆ たのしく うたう
「いなかの かえる」　おうち やすゆき 作詞／末吉保雄 作曲

↓

◆ 「かえることば」でアンサンブルをする
「春のうた」　草野心平 作

・言葉のまとまりや気持ち,場面に合うように
　群読の仕方を工夫する。
　[グループが順に加わる]
　[反対側のグループから順に加わる]
　[全員で朗読する]

・詩の群読の合間に,つくった「かえることば」を入れる。
「かえることば」の例
　けけっくけけっく　┐ かわりばんこに8回言う。
　けけろくけけろく　┘ 6回目からだんだん弱くする。

　ぐりぐりーぐりぐりー　┐
　ぐりっこ　ぐりっこ　　│ 1回言ったら加わる。
　みりりん　みりりん　　│ 1グループ4回言う。
　るぶんぶ　ぶるん　　　┘
　くるる　　　　「くるる」は高い声で8回言う。
　かっくかっく　「かっくかっく」も8回言う。

↓

◆ たのしく りんしょうする
「かえるの がっしょう」　岡本敏明 日本語詞／ドイツ民謡

・動きを付けて輪唱する。
・鍵盤ハーモニカや伴奏の楽器の演奏と合わせて輪唱する。

本事例の魅力と発展

本事例は,2年生が中心になり,学習したことを1年生に教えながら,合同で行った学習です。
1,2年生の協働的な学習であると同時に,今後,自分たちの学校へ入学するであろう近隣の幼稚園・保育園に出向いて演奏することで,学習成果の発表の機会になり,自分より幼い子供たちとの関わりを深める学習にもなります。
また,日頃の学習の積み重ねを発表するため,無理なく楽しみながら学習を展開することができます。
「かえるの がっしょう」も輪唱曲のよさを生かして,低音の伴奏 を加えたり,
 の和音伴奏を入れたりして,表現の幅を広げて発表することができます。
保護者会,集会での学年発表など,様々な機会に活用できるため,
音楽科の学習の成果としていろいろな方に見ていただくことができます。
生活科の「学校たんけん」などで知り合った1,2年生がこの学習をきっかけに,
さらに仲良くなって校庭で一緒に遊ぶ姿や,幼稚園・保育園の子供と一緒に公園で遊ぶ姿も見られました。
また,運動会でのダンスの練習の際にも,2学年が仲良く活動している姿を見ることができました。

小学校 第4学年
展覧会の音楽をつくろう「木を鳴らそう」
~図画工作科, 総合的な学習の時間との関連~

音楽科のねらい

木質楽器の音色の特徴を生かし,
つなげたり重ねたりしてリズムアンサンブルをつくる。

扱う〔共通事項〕に示された内容

音色, リズム, 速度, 強弱, 音の重なり, 拍の流れ,
反復, 問いと答え

本事例の特徴

本事例は, 音楽科と図工科, 総合的な学習の時間との学習を関連付けた内容です。

図工科の大きな行事である展覧会で, 学校にある木に自分をなぞらえて自分の過去・現在・未来を描いたり, 木を素材に立体作品を制作したりすることに関連付けて, 音楽科での取り組みを考えます。楽器には木製の物が多く, 子供たちにとっては低学年からなじみが深いものなので, 木という素材には様々な可能性があることに気付くようにします。

いろいろな木の楽器の音色を見付け, 音の重ね方を工夫してグループで音楽づくりをします。つくった作品を録音し, 展覧会会場のBGMとして活用します。

学習計画

総合的な学習の時間では,
音楽科でつくった「木の音楽」をクラスの枠を越えて聴き合うようにする。【1時間】

○音楽科【4時間】

○様々な木製の楽器に触れ, いろいろな音の出し方を工夫して音色の違いに気付く。
〈例〉
カスタネット, クラベス, マラカス, ギロ, スリットドラム, ウッドブロック, テンプルブロック, ささら, こきりこなど。民族楽器も有効。
○使いたい楽器を選び, 音色に合った8拍のリズムをつくる。
○いろいろな音の重ね方を試す。
○グループに分かれ, 音の重ね方を工夫して自分たちの作品をつくる。
○速度や強弱の変化なども取り入れてみる。
○始め方と終わり方も考え, 作品をまとめる。
○グループ発表をして, 互いに聴き合う。

●図画工作科【2時間】　□総合的な学習の時間【1時間】

●様々な木の素材に触れて感触を味わう。
●自分や友達の作品(絵, 木工)を鑑賞し, よさを味わう。

□つくった作品をグループごとに録音する。
□クラスを越えて, 互いの作品を聴き合う。

○●□展覧会の会場で作品を鑑賞しながら, 自分たちでつくった音楽を聴く。
[準備など]展覧会の会場でBGMとして使用する。

活動内容やワークシートなどの紹介

〈いろいろな重ね方〉

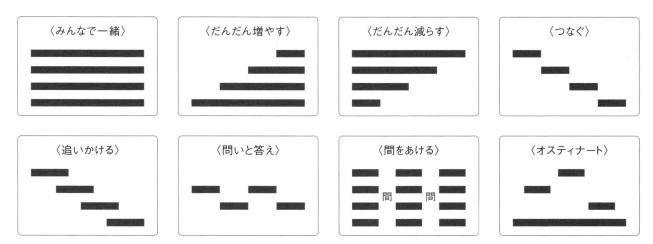

〈展示された絵や木工作品〉

本事例の魅力と発展

本事例は，学校行事に音楽的な側面から取り組んだ事例です。
木という一つの素材には様々な可能性があることに気付き，それぞれのよさを味わうことで
学習に広がりをもたせることができます。
また，大きな行事である展覧会において，会場の音楽を担うという役割を示すことで子供たちの意欲を高め，
音楽の学習発表とは違った緊張感や責任感，喜びを生み出すことができます。
木の音探しに当たっては，身の回りの音を見付けて使うことも効果的です。
小さな木片や木の板も，音の出し方によって思わぬ音色が生まれます。
いろいろな音を発見することによって，音色に対する視野を広げることも大切な学習です。
また，友達の音や小さな音に耳を傾けるため，集中して聴く力を身に付けることができます。
展覧会の当日，子供たちは来場した家族に自分の作品を紹介しつつ，
流れてくる音楽をつくったことも話しながら鑑賞していました。
図工も音楽も"創作する"という視点でとらえると，教科の枠を越えた展開を生み出すことができます。

| 小学校 第5学年 | # 「収穫を祝う音楽をつくろう」
～社会科，総合的な学習の時間との関連～ |

音楽科のねらい

五音音階を使って旋律をつくったり，
リズム素材を組み合わせたりしてお囃子をつくり，
強弱や速度を工夫しながら演奏する。

扱う〔共通事項〕に示された内容

音色，リズム，速度，旋律，強弱，
音の重なり，音階，調，拍の流れ，
反復，音楽の縦と横の関係

本事例の特徴

　本事例は，音楽科と社会科，総合的な学習の時間の学習を関連付けた内容です。
　社会科で学習した米作りの学習をもとに，総合的な学習の時間ではバケツで稲を育てます。そして，煎餅や五平餅，きりたんぽなど米を使った料理を調べ，実際に作ります。音楽科では，グループごとにお囃子をつくり，それをつなげてクラスのお囃子として音楽朝会で発表したり，ゲストティーチャーによるお囃子の演奏や獅子舞を鑑賞したりします。
　米作りの過程で感じた気持ちや様子も表現するために，強弱や速度，掛け声の言葉などを工夫して演奏します。

| 学習計画 | 社会科の米作りの学習と総合的な学習の時間の苗植えは6月頃に，
音楽科のお囃子づくりと総合的な学習の時間の米を使った料理は11月頃に行う。 |

○ 音楽科【6時間】

- ○日本とヨーロッパの子守歌を聴き比べ，日本の音楽が五音音階でできていることに気付く。
- ○グループに分かれ，米作りで感じたどんな気持ちや場面を音楽にするか，話し合う。
- ○ミソラド˙レ˙の五つの音を使って，お囃子の旋律をつくる。
- ○リズムカードを組み合わせ，大太鼓と締太鼓のリズムをつくる。
- ○演奏する楽器（リコーダー，締太鼓，大太鼓）の分担をし，つくったお囃子を演奏できるように練習する。
- ○表したい気持ちや場面をもとに，強弱や速度などを工夫し，仕上げる。
- ○グループごとに発表し，友達の演奏を聴き合う。
- ○音楽朝会で発表するために，つなげて演奏できるようにする。

● 社会科【11時間】　□ 総合的な学習の時間【8時間】

- ●我が国の食生活における米の役割について考える。
- □JAからのゲストティーチャーを迎えて，バケツ苗を植え，育てる。
- ●山形県庄内平野を事例に調べ，米作り農家は，消費者の需要に応え，良質な米を出荷するために，様々な工夫や努力をしていることを知る。
- ●米作り農家が抱えている問題や，新しい米作りの取り組みの現状を理解する。

- □米を収穫し，脱穀や精米をする。
- □米を使った料理や加工食品を調べ，調理計画を立てる。
- □米を使った料理や加工食品を作り，食べる。

音楽朝会で，全校児童に発表する。
○□ゲストティーチャーとしてお囃子の団体に来てもらい，「神田囃子」や「仁羽（にんば）」を鑑賞したり「仁羽」の大太鼓と締太鼓のリズムを体験したりする。
また，獅子舞と一体となった「寿獅子」を鑑賞する。

活動内容やワークシートなどの紹介

〈作品例〉

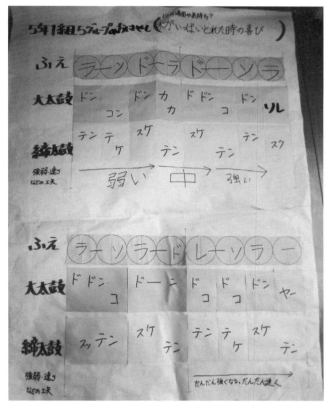

〈大太鼓のリズム素材〉

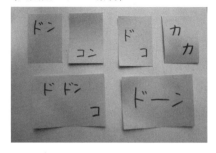

〈締太鼓のリズム素材〉

↑
〈掛け声のカード〉
自由に書き込めるようにしておく。

本事例の魅力と発展

本事例では，締太鼓や大太鼓のリズム素材のカードを組み合わせ，4分の4拍子のリズムをつくりました。
太鼓のリズム素材は音符ではなく口唱歌の形でカードを作成したので，
演奏するときも口で唱えて太鼓のリズムを覚えることができます。
また，実際に米作りを体験したことが音楽につながるよう，表したい場面や気持ちから強弱や速度を工夫するようにしたところ，「思っていたより採れた米が少なくて残念な気持ちを表したいから，だんだん弱くして終わりたい」や
「一生懸命に世話をしているのにすずめに米を食べられて怒っている場面を表したいから，
この部分は太鼓のリズムを細かくした」など，子供たちの思いの込もった多様な発想が引き出されました。
このときは音楽朝会という限られた時間に発表することになっていたので，つないで演奏しましたが，
反復や変化を使い，全体の構成を考えながらもう少し長めの曲に構成することもできます。
導入で長調や短調の曲と五音音階の曲を聴き比べることによって，音階が音楽を特徴付ける大きな要素であることに
子供たちは気付きました。そこから発展して，他の民族音楽の音階や教会旋法，全音音階，音列などを使った
音楽づくりにもつなげていくことができます。

| 小学校 第6学年 | # 世界の音楽「アフリカの音楽に親しもう」
～総合的な学習の時間との関連～ |

音楽科のねらい

アフリカ音楽を伝え広めている方を招いてその演奏を聴き,
多彩な打楽器の音楽表現に親しみ,
世界の音楽文化に関心をもつ。

扱う〔共通事項〕に示された内容

音色, リズム, 速度, 強弱, 音の重なり, 拍の流れ,
反復, 問いと答え, 変化, 音楽の縦と横の関係

本事例の特徴

　本事例は,音楽科と総合的な学習の時間とを関連付けて展開しています。

　音楽科では,歌唱・音楽づくり・鑑賞の学習を関連付けて,スワヒリ語で「マライカ」を歌ったり,アフリカの楽器(サムピアノ,トーキングドラム,ジェンベなど)でポリリズムのアンサンブルをつくったり,アフリカの打楽器の音楽を聴いたりして世界の音楽へ関心を広げます。総合的な学習の時間では,アフリカのジェンベの演奏家のお話を聞き,アフリカの生活を想像したり,子供がそれぞれの課題に沿ってアフリカの食生活や衣生活,音楽文化などを調べ,日本との違いを学んだりします。

　ゲストには,お話だけでなく,「マライカ」を独唱したり子供と一緒に歌ったりしていただきます。また,ジェンベやコンガの独奏に加えて,子供たちが一緒に楽器を演奏できるワークショップを計画しています。

| 学習計画 | 音楽科では4時間,総合的な学習の時間では8時間,
ゲストのお話と演奏,ワークショップで2時間(音楽1+総合的な学習の時間1)取る。 |

○音楽科【4時間+1】	●総合的な学習の時間【8時間+1】
○言葉の意味を確かめ,「マライカ」を歌う。 　スワヒリ語と日本語で,主な旋律を歌う。 ○互いの声を聴き合い,「マライカ」を二部合唱する。 　3度の重なる響きを聴きながら,二人組,四人組で声を合わせて歌い,全体で合唱する。	●アフリカの地図を見て,ゲストのふるさと「コンゴ民主共和国」の位置を知り,国について調べる。 ●自分が興味・関心をもった生活や文化,自然や歴史など,ゲストへの質問事項をまとめる。
○●ゲストのお話と演奏,ワークショップ ・「マライカ」の独唱(ゲスト)と二部合唱(児童)　・アフリカについてのお話　・楽器のワークショップ　・質問コーナー	
○アフリカの様々な楽器の音色を知り,即興的にリズムや旋律をつくる。 　各楽器の音色を確かめ,自分の選んだ楽器でリズムや旋律を即興的につくり聴き合う。 ○楽器の音色を生かし,音楽の仕組みを使ってポリリズムのアンサンブルをつくり発表し合う。 ○アフリカの打楽器の演奏を聴き,その面白さや演奏のよさを味わう。	●課題ごとにグループをつくり,話し合ったりインターネットや図書室で調べたりして,模造紙などにまとめる。 ●パビリオン形式で発表し合う。

活動内容やワークシートなどの紹介

〈授業の様子〉～故ムクナ=チャカトゥンバ氏を招いて～

〈児童の発言の例〉

「マライカ」をきれいな声で歌ったら、この歌に合うと思います。夏休みに南アフリカについて調べ、子供たちに楽器を届けるというので、私も送ろうと思いました。

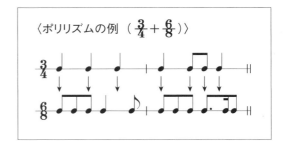

本事例の魅力と発展

毎年、6年生の音楽科と総合的な学習の時間の国際理解の学習と関連付けて行い、その年の学年の考え方や行事によって、様々な展開を試みてきました。本事例もその一つです。
音楽科を中心に発展させた例としては、音楽発表会でジェンベの伴奏を加えた「マライカ」をスワヒリ語で合唱したり、「アフリカン シンフォニー」の器楽演奏の前奏にジェンベのリズムアンサンブルを加えたりしました。
また、演奏を始める前に、トーキングドラムで即興的なリズムアンサンブルを披露したり、サムピアノで自分たちがつくったアンサンブルを演奏したりする場をつくりました。
また、鑑賞活動を広げ、他国の打楽器の演奏や日本の和太鼓による表現との違いを比較して、それぞれの面白さやよさを味わうこともできました。
総合的な学習の時間から家庭科とも関連付けて、アフリカの主食であるトウモロコシでつくる蒸しパンをつくり、食文化として他国の主食を調べる活動に発展することも行いました。
また、展覧会のある年には「衣」を中心に総合的な学習の時間と家庭科の学習を関連付け、さらに図画工作科とも関連させて、様々な国の特徴的な衣装をテーマにレプリカをつくるといった学習を行うこともできました。

おわりに

　音楽づくり・創作の学習が「音楽で自己表現できる子」を育て,「他者との共有による学びが生まれる」ことを実感しながら,授業実践を行ってきました。また,音楽づくり・創作の学習がすべての音楽活動の根底にあるとも考えるようになりました。この学習を展開するために,新しい音楽と出会い,それを理解するためにいろいろなところに出向くこともありました。その中で,いろいろな方と出会い,助けられ,たくさんの仲間ができました。確実に,音楽づくり・創作の学習が広がっていると感じています。

　一方で,「音遊びをするけれど,その発展の仕方が分からない。」「評価はどのようにすればいいの?」「教科書は分かりやすくなったけれど,これでいいの?」といった悩みを聞くことも増えました。しかし,これは,音楽づくり・創作を実際に授業で行っているからこそ生まれてくる疑問です。だからこそ,今,伝えていくことがあるのではないかと思い立ち,研究仲間や友人に声を掛けて本書を作成しました。

　作成に当たっては,執筆者の方々にはもちろんのこと,執筆を許してくださった校長先生をはじめ,授業の立役者である子供たちには心から感謝しています。編集に当たっては,教育芸術社の市川かおり社長の心温まる言葉掛け,編集部の皆さまの細部に至る心配りと熱意ある協力,また,営業部や販売部それぞれの立場で応援していただき,心からお礼を申し上げます。

参考文献

- 文部科学省「小学校学習指導要領解説 音楽編」
- 文部科学省「中学校学習指導要領解説 音楽編」
- 文部科学省「高等学校学習指導要領解説 芸術(音楽 美術 工芸 書道)編 音楽編 美術編」
- 国立教育政策研究所「評価規準の作成,評価方法等の工夫改善のための参考資料」
- 文部科学省 教育課程企画特別部会 配付資料「次期学習指導要領等に向けたこれまでの審議のまとめ(案)」
- 梶田叡一 責任編集,人間教育研究協議会 編「アクティブ・ラーニングとは何か」金子書房
- 「新教育課程ライブラリvol.1 新教育課程型授業を考える アクティブ・ラーニングの理論と実践」ぎょうせい
- 「新教育課程ライブラリvol.3 子どもの姿が見える評価の手法」ぎょうせい
- 東京学芸大学 次世代教育研究推進機構「日本における次世代対応型教育モデル研究開発プロジェクト 配付・作成資料」
- 日本オルフ音楽教育研究会「オルフ・シュールヴェルクの研究と実践」朝日出版社
- 星野圭朗・井口 太 編「子どものための音楽Ⅰ〜Ⅲ」ショット・ミュージック
- 石上則子・杉本博美 編著「音楽が心を揺さぶる 小学校 行事・集会ハンドブック」教育芸術社
- 「子どもの工夫が見える 音楽づくりの事例集」教育芸術社
- 「新学習指導要領に対応した 小学校 音楽づくりガイドブック」教育芸術社

執筆者一覧

	名前	学校・役職名
監修者	石上則子	東京学芸大学准教授
執筆者	安部文江	長野県北佐久郡御代田町立御代田中学校教諭
	飯島千夏	東京都板橋区立舟渡小学校主任教諭
	石井ゆきこ	東京都港区立芝小学校主任教諭
	海老原正剛	東京都板橋区立高島第六小学校主任教諭
	岡本 礼	岩手県盛岡市立仙北中学校教諭
	小川公子	福岡県北九州市立永犬丸小学校主幹教諭
	関 智子	東京都豊島区立池袋第一小学校主任教諭
	中山純子	東京都板橋区立板橋第五小学校指導教諭
	祢津瑞紀	東京都東村山市立八坂小学校主任教諭
	半野田 恵	東京都小平市立上宿小学校主任教諭
	藤井小百合	東京都足立区立花保小学校主任教諭
	星野朋昭	東京都葛飾区立中之台小学校主任教諭
	米倉幸子	東京都板橋区立金沢小学校非常勤教員
	脇田秀男	東京都江戸川区立葛西小学校主任教諭

※敬称略　　（職名は平成28年度4月現在のものです。）

| 監修者 | 石上則子 (いしがみ・のりこ) |

プロフィール

　東京都の小学校において，音楽専科教諭として長年音楽教育に携わり，校内・区内の様々な研究推進に努める。東京都小学校音楽教育研究会（都小音研）研究部長や副会長などを歴任し，東京都の音楽科教育の向上に力を注ぐ傍ら，実践を教育雑誌等に掲載する。

　音楽づくりを研究課題とし，文部科学省，文化庁，東京都教職員研修センターの講習や研究，NHK教育音楽番組，日本現代音楽協会にも協力する。退職後は，東京学芸大学の准教授，東京藝術大学の非常勤講師として後進の指導，全国の研究会で講演・ワークショップ等を行う。

　現在は，日本女子大学　非常勤講師
　日本音楽教育学会常任理事，日本オルフ音楽教育研究会運営委員，東京都小学校音楽教育研究会名誉会友，等

「音楽づくり・創作」の授業デザイン
あすの授業に生かせるアイディアと授業展開

2016年10月14日　第1刷　発行
2020年11月13日　第4刷　発行

監修者　　石上則子
発行者　　株式会社 教育芸術社（代表者 市川かおり）
　　　　　〒171-0051　東京都豊島区長崎1-12-14
電　話　　03-3957-1175（代表）
　　　　　03-3957-1177（販売部直通）
URL　　　https://www.kyogei.co.jp

表紙・イラスト　　加納徳博
楽器写真撮影　　　髙村　達
楽器写真協力　　　鈴木楽器製作所

表紙装丁・本文デザイン　　氏デザイン
印　刷　　新日本印刷
製　本　　共栄社製本

©2016 by KYOGEI Music Publishers.
本書を無断で複写・複製することは著作権法で禁じられています。
ISBN978-4-87788-778-0 C3073

音楽づくり・創作で活用しやすい楽器

音楽づくり・創作の学習を行うとき，どんな音をつくり出すか，どんな音で音楽をつくり表現するかということが，つくった音楽の持ち味を決定付ける重要なカギとなります。したがって，どんな音楽をつくろうとしているのか，それに適した音の素材は何だろうか，という点を十分に考えて練る必要があります。ここでは，音楽づくりや創作の授業に活用しやすい楽器を紹介します。

鍵盤ハーモニカ

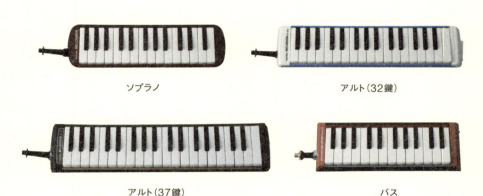

ソプラノ　　アルト（32鍵）

アルト（37鍵）　　バス

リコーダーと同様，旋律の音楽づくりには欠かせない楽器です。また，和音づくりでも活躍します。バスやソプラノもあるので，いろいろな音域での音楽表現も可能です。簡単に持ち運べて，場所を取らないだけでなく，音を可視化できることは大きな利点です。車やバスの警笛，救急車のサイレンなど，音づくりを楽しむこともできます。

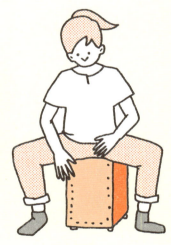

楽器の鳴らし方

バスウッドドラム

低音のリズムを歯切れよく打ったり，つくった音楽を合わせたりするときに活用できる楽器です。前面のフタを動かして穴の大きさを調整することで，音の高さや音色を変えることができます。大太鼓のマレットで打ちます。
長胴太鼓では音が強すぎてしまうような場合に，この楽器でリズムを打つと，他の楽器の響きと融合し，心地よいサウンドを生みます。

カホン

楽器にまたがって，手のひらで楽器の側面にある打面を打って音を鳴らします。打面が木製の打楽器の総称でもあります。小太鼓の響き線に似たシャリとした音が加わり，独特な表情のある楽器です。
即興的にリズムをつくったり，友達とリズムで会話したり，リズムリレーをしたりするなど，リズムをつくって打つ楽しさを実感できます。

ザイロホーン 他

立奏木琴やマリンバなどは，音楽づくり・創作の学習で大いに活用されます。ここで挙げた楽器は，カール＝オルフが子供のために発案した，音板が外せる木琴・鉄琴で，低学年の子供や支援の必要な子供から大人まで無理なく扱うことができます。

例えば，わらべうたの音階で使われる音の音板だけを残し，その音で旋律をつくったり，それに合わせて低い音の出るザイロホーンで伴奏を入れたりし，アンサンブルを楽しみながらつくることができます。また，クロマチック ザイロホーン（メタルホーン）には，半音部の音板もあるので，差し替えて調を変えたり，半音部を合わせて半音階による音楽をつくったり表現したりすることもできます。

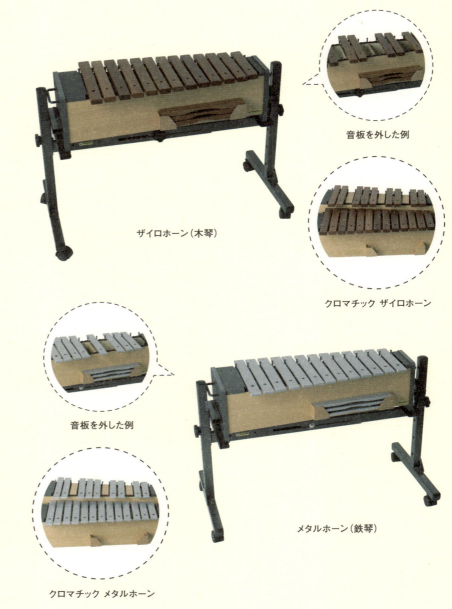

音板を外した例

ザイロホーン（木琴）

クロマチック ザイロホーン

音板を外した例

メタルホーン（鉄琴）

クロマチック メタルホーン

バスブロックバー／サウンドブロック

どちらも，1音ずつばらばらになっている楽器です。バスブロックバーは，和音進行に合わせて低音を響かせたり，1音を持続して同じリズムで打ったりして，つくった旋律を支えることができます。打楽器のアンサンブルづくりの際は，低音のリズムをつくり合わせるとバランスのよい表現になります。

サウンドブロックは，一人1音を担当してつなげて旋律を演奏することもできますが，二人で合わせて打つなど，偶然に重なった音の響きを感じ取るような学習に使うと効果的です。

バスブロックバー

サウンドブロック

トーンチャイム

教会の中にいるような美しい残響が得られる楽器で，音楽づくり・創作の学習で大活躍します。音と音との間や音の重なりを感じたり，グループで半音階を使った音楽をつくったりできます。また，ドミソなどの音を同時に鳴らして，和音の響きを味わったり，和音に合った旋律をつくって一緒にアンサンブルしたりすることもできます。

楽器の鳴らし方

スリットドラム／メタル音板スリットドラム

丸太に縦の細長い溝を入れ，胴をくり貫いてつくった「ログドラム」がもとになっています。ここで紹介したものは，四つの異なる高さの音が出ます。例えば❶…F，❷…A，❸…C，❹…E♭という組み合わせです。スリットドラムには，ソプラノ，アルト，バスというように，異なる音域のものがあります。
友達と交互に旋律をつくり問いと答えの音楽をつくったり，2音で和音をつくったりして音楽づくり・創作の学習に活用できます。

スリットドラム

メタル音板スリットドラム

音板の配置略図

いろいろなマレット

同じ楽器でもマレットが異なれば，奏でられる音色が変わってきます。音板楽器で演奏をする際は，低音の柔らかい響きを出すにはどのマレットがよいかなど，子供たちが考えながら選ぶようにしたいものです。こうした選択は，器楽の演奏にも必ず役立ってきます。

エナジーチャイム

残響の長～い楽器です。その響きを感じて体を動かしたり，音の長さをじっくり味わったりして，「音」そのもののよさや面白さを感じ取る学習にうってつけです。音が響いている間に楽器を動かし，音のうねりを生み出したりすると，音楽をつくる際，音楽の構成の変化を示すポイントとなる音をつくることができます。

楽器にもなる生活用品

音楽づくり・創作のよさや面白さの一つに，音の素材が既成の楽器だけにとどまらない点があります。ここでは，身の回りにある生活用品の中からよい音が出るもの，既成の楽器の演奏方法につながるものを選びましたが，身の回りにはいろいろ道具が音素材になるべく眠っています。音楽の原点は，生活の中から生まれてきたのですから，そうした原点にふれ，音楽を深く味わう観点でいろいろな音を発掘してみてください。

これからの音楽教育で求められる音と生活，音楽文化と社会との関わりを考える第一歩であり，音環境を考える一つの方向性を示すものでもあります。

ます

木製の打楽器として活用できます。二つを合わせて打ち方を工夫すると音の高さを変えることができるため，リズムアンサンブルをつくれば，すぐに「木片の音楽」が生まれます。もちろんマレットを使って一つの「ます」を打つことも可能です。「一升ます」と合わせれば，低音が加わり，より音に厚みのあるリズムアンサンブルになります。

フライパン

昔ながらの鉄製のフライパンは，響きのよい音を出すことができます。台所用品のお店がずらりと並ぶ合羽橋で，音の高さの違うものを見付けてきました。

音の高さの違いを生かして，1拍ずつ順に打つなど，拍を分けて演奏したり，順に重ねていったりすると聴き応えのあるリズムアンサンブルをつくることができます。

ペットボトル

ここでは，何も手を入れず，そのまま使う例を考えます。ペットボトルも大きさが様々なので，大きさによる音の高低も活用しましょう。

身の回りのもので音を出そうとするとき，「打つ」「こする」「振る」といった打楽器の奏法につながるものが多いため，吹いて音が出せる身の回りのものとして取り上げました。ビール瓶や一升瓶を吹くととてもよい音ですが，割れると危険なので，ペットボトルを使っています。

洗濯板と菜箸

100円ショップなどでも買える洗濯板です。見た目どおり「ギロ」の代わりになります。菜箸を使うとよりよい音が出ますが，先がだんだん削れるので，力を入れすぎないようにするとよいでしょう。

つくったリズムの合いの手として音を入れたり，菜箸で弱く打って音楽の始めに音を加えたりするなど，特徴的な音を効果的に使うようにします。

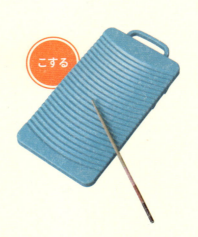

〈ペットボトルミュージック〉

ペットボトルを吹いたり，キャップでボトルを打ったりこすったりする様々な音の出し方を引き出し，アンサンブルにしました。

身の回りのものでつくった楽器

手づくり楽器は,自ら工夫して音をつくり出すため,音の出る構造,演奏の仕方などを学ぶことができます。また,世界に一つしかないオリジナリティのある音をつくり出すこともできます。それぞれの手づくり楽器の音を大事にした展開が求められますが,図工や理科の時間と関連付けて学習すると,それぞれの教科の内容を生かしてつくることができます。また,夏休みの課題として親子でつくるのも楽しいものです。

打つ / ささら / 音階太鼓 / 石琴

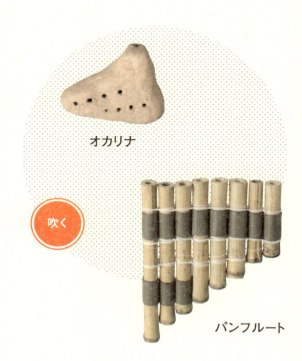

吹く / オカリナ / パンフルート

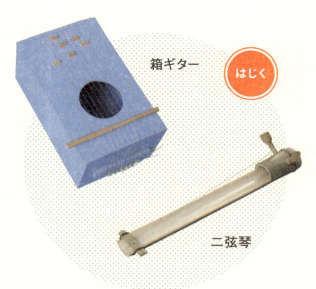

はじく / 箱ギター / 二弦琴

〈1分間音楽（図形楽譜の例）〉

手づくり楽器の音楽＝1分間音楽をつくる

それぞれの手づくり楽器の音の特徴を生かして音楽をつくった例を紹介します。

円の楽譜では,円の中心が低めの音,円周に向かって高い音になるようにします。円を時計に見立てて,12時の位置から一周するまでのスペースに自分の音を図形で表し,自分が音を出すところに描きます。どこでどのように演奏するのかを図形の楽譜に記録していきます。

※この例では,誰も音を出さない（無音）の部分をつくること,クライマックスの部分をつくることなどをルールとしました。

世界の民族楽器

世界に分布する様々な楽器の中には、いろいろな国に広まりその国独自の発展を遂げたものや、昔ながらのものが残っている楽器など、多様な様相が見られます。また、演奏の仕方が単純ゆえに誰もが扱えたり、音の響きに心安らぐものが多く存在したりするのも民族楽器のよさです。
音楽づくり・創作の学習を通して楽器のもつ音の魅力にふれることは、鑑賞学習と同様、世界の音楽文化にふれる機会となるのは言うまでもありません。

アンクロン（アンクルン）

インドネシアを中心に、東南アジア一帯で現在も使われている竹製の楽器です。トーンチャイムなどと同じように一人１音の楽器で、左右に振って「カラカラカラ」と音を出し、友達の持つアンクロンと音を組み合わせて音楽をつくります。アンクロンならではの旋律づくりや和音奏に活用できます。また、「カラカラ」とした音色を生かして、拍節的でない自由なリズムの音楽をつくっても効果的です。

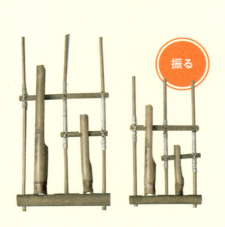

楽器の鳴らし方

トガトン

フィリピンの竹製の楽器で構造はたいへんシンプルです。床などに軽く打ち付けて音を出します。節と節の間の長さによって音の高さが変わります。
Aさんがずっと拍打ち、B君が１拍目、Cさんが２拍目〜というように拍を分けっこしたり、裏拍のリズムを入れたりして、入れ子式（インターロック）のリズムアンサンブルをつくって楽しむことができます。

ジェンベ／ボンゴ

ジェンベは，アフリカを代表する打楽器で，鼓面を手で打って演奏します。ボンゴはキューバ系のラテン楽器で，こちらも手で打って演奏します。ルーツはアフリカです。それぞれに決められた奏法がありますが，音楽づくり・創作の学習では，いろいろな音の出し方を試し，響きのよい音でリズムを打ったりバランスに気を付けてリズムアンサンブルをつくったりしたいものです。

ジェンベ

ボンゴ

レインスティック

楽器名のとおり，雨が降る音を表した楽器で，雨乞いなどの儀式に使われた楽器です。枯れたサボテンに棘を内向きらせん状に打ち込み，中には小石などを入れます。長さは様々で，それによって音の持続時間が異なります。使っている材料によって音色も異なります。
静かな音楽の始まりや終わり，間奏などの部分に使うと効果的です。

楽器の鳴らし方

カリンバ

カリンバは，アフリカに広く分布する楽器で，地域によって，いろいろな名称があります。サムピアノ（親指ピアノ）とも呼ばれるように親指で金属棒をはじいて音を出します。
柔らかい響きの音色を生かして，一人一人が短い旋律をつくり，それを反復や変化などを使って組み合わせて音楽にすると，穏やかで心が優しくなる音楽をつくることができます。

日本の伝統的な楽器

日本にも古くから使われている伝統的な楽器があります。それらを扱うことは，中学校では必修となっています。小学校でも，和楽器の演奏としても音楽づくりとして扱える楽器としても魅力があります。音楽づくり・創作の学習でこれらの楽器を扱うことによって，伝統的な演奏を生かすだけでなく新しい表現を生み出し，次世代の伝統を生むきっかけをつくることにもつながっていきます。

箏

学校では触れる機会が少ない弦楽器の一つとしても，子供たちに触れさせたい楽器です。持ち運びに便利なコンパクトサイズもあります。柔らかい音色で，心和む響きでありながら，自然に背筋がピンとなる凛々しい響きでもあります。また，調弦を自由にできることも大きな魅力です。

音階を決めて音楽をつくったり，モティーフをつくってそれを組み合わせて音楽にしたりすることができます。

はじく

いろいろな打ち物

各地の民謡などに使われる打楽器です。様々なものがあります。各楽器の音の特徴を聴き取り，使われる場面を思い起こしてリズムをつくったり，つくる音楽のもつ雰囲気を感じ取って，効果的に音を加えたりするときに役立ちます。

こきりこ・びんざさらは富山県の「こきりこ節」で，三板は沖縄で，鳴子は高知県の「よさこい節」で使われます。りんは仏具です。

打ち合わせる　びんざさら

打ち合わせる　こきりこ

打ち合わせる　三板（さんば）

打つ　りん

振る　鳴子（なるこ）